国之重器出版工程

网络强国建设

区块链技术与应用丛书

区块链+社会治理

尹可挺　马振军　汤泉　编著

電子工業出版社
Publishing House of Electronics Industry
北京 · BEIJING

内 容 简 介

本书首先介绍了我国社会治理的历史发展脉络和治理理念的演变过程；其次，系统地介绍了区块链技术基础，以及区块链与社会治理契合的基本原理；再次，从共建、共治、共享的社会治理理念出发，全面阐述了区块链技术在数字化治理基础建设方面，包括民生治理（教育就业、医疗健康、精准扶贫）、城市治理（智能交通、垃圾分类、环境保护）、安全治理（食品药品安全、公共卫生、应急管理）、基层治理（智慧社区、乡村治理）、网络治理（网络交易监管、网络安全治理）、诚信治理（信用建设、联合征信）及区块链监管等方面的应用背景、应用思路和代表性案例。接着，本书重点介绍了区块链在新型社会治理领域的探索和实践，尤其是在数据要素化的发展背景下，如何发挥区块链在打通“数据孤岛”中的作用，实现数据价值挖掘与融通的重要作用，为构建新型社会治理体系提供有益借鉴；最后，本书探讨了区块链在建设新型社会治理体系中面临的机遇与挑战，并对未来新型社会治理的形态、模式和图景进行了展望。

本书内容框架完整、篇章逻辑清晰、场景案例剖析透彻，非常适合想要了解区块链行业应用的人士、技术与业务从业人员、爱好者及社会治理领域的从业者阅读，也可以作为高等院校相关专业高年级本科生和研究生的教学参考书。

图书在版编目（CIP）数据

区块链+社会治理 / 尹可挺，马振军，汤泉编著. —北京：电子工业出版社，2022.1
（区块链技术与应用丛书）
ISBN 978-7-121-42322-2

Ⅰ. ①区… Ⅱ. ①尹… ②马… ③汤… Ⅲ. ①区块链技术－应用－社会管理－研究－中国 Ⅳ. ①D669.3-39

中国版本图书馆 CIP 数据核字（2021）第 234600 号

责任编辑：徐蕾薇
印　　刷：北京七彩京通数码快印有限公司
装　　订：北京七彩京通数码快印有限公司
出版发行：电子工业出版社
　　　　　北京市海淀区万寿路 173 信箱　邮编 100036
开　　本：720×1 000　1/16　印张：12　字数：231 千字
版　　次：2022 年 1 月第 1 版
印　　次：2024 年 1 月第 3 次印刷
定　　价：88.00 元

凡所购买电子工业出版社图书有缺损问题，请向购买书店调换。若书店售缺，请与本社发行部联系，联系及邮购电话：（010）88254888，88258888。

质量投诉请发邮件至 zlts@phei.com.cn，盗版侵权举报请发邮件至 dbqq@phei.com.cn。

本书咨询联系方式:xuqw@phei.com.cn。

区块链在构建新型社会治理体系中的探索与应用

专家委员会委员（按姓氏笔画排序）：

于　全　中国工程院院士
王　越　中国科学院院士、中国工程院院士
王小谟　中国工程院院士
王少萍　“长江学者奖励计划”特聘教授
王建民　清华大学软件学院院长
王哲荣　中国工程院院士
尤肖虎　“长江学者奖励计划”特聘教授
邓玉林　国际宇航科学院院士
邓宗全　中国工程院院士
甘晓华　中国工程院院士
叶培建　人民科学家、中国科学院院士
朱英富　中国工程院院士
朵英贤　中国工程院院士
邬贺铨　中国工程院院士
刘大响　中国工程院院士
刘辛军　“长江学者奖励计划”特聘教授
刘怡昕　中国工程院院士
刘韵洁　中国工程院院士
孙逢春　中国工程院院士
苏东林　中国工程院院士
苏彦庆　“长江学者奖励计划”特聘教授
苏哲子　中国工程院院士
李寿平　国际宇航科学院院士

郑纬民　中国工程院院士
郑建华　中国科学院院士
屈贤明　国家制造强国建设战略咨询委员会委员、工业和信息化部智能制造专家咨询委员会副主任
项昌乐　中国工程院院士
赵沁平　中国工程院院士
郝　跃　中国科学院院士
柳百成　中国工程院院士
段海滨　“长江学者奖励计划”特聘教授
侯增广　国家杰出青年科学基金获得者
闻雪友　中国工程院院士
姜会林　中国工程院院士
徐德民　中国工程院院士
唐长红　中国工程院院士
黄　维　中国科学院院士
黄卫东　“长江学者奖励计划”特聘教授
黄先祥　中国工程院院士
康　锐　“长江学者奖励计划”特聘教授
董景辰　工业和信息化部智能制造专家咨询委员会委员
焦宗夏　“长江学者奖励计划”特聘教授
谭春林　航天系统开发总师

序 一

自区块链作为我国核心技术自主创新的重要突破口的战略地位确立以来，其在各领域的应用探索方兴未艾，尤其是在金融贸易、跨境支付、政务服务、司法公证、商品溯源、能源电力等领域开始赋能实体经济并产生众多应用成果。当前，我国明确以国产、自主、可控的联盟链为重点发展方向，其在各行业的应用也会越来越广泛。

党的十九大提出要建立共建共治共享的社会治理格局，实现社会治理体系和治理能力现代化。在治理理念、数据共享和数据安全等方面，区块链与社会治理具有非常高的契合度。近年来，在社区综合治理、基层选举、环境保护、精准扶贫等社会治理领域的区块链应用逐步涌现。随着我国社会数字化水平的逐步提升，区块链+社会治理的应用基础也将更加坚实。积极探索区块链在社会治理领域的应用潜力，有助于提升我国社会主义现代化建设水平，对于拓展区块链技术的应用价值也具有重要作用。

本书作者团队凭借过硬的技术实力，较早地投入区块链+社会治理的应用领域，积极开展探索实践，获得了丰富的实践经验，取得了一些成果。本书从叙述社会治理理念的产生与发展开始，回顾我国社会治理的发展脉络，基于编写组成员丰富的应用经验，从共建、共治、共享的社会治理理念出发，阐述了区块链技术在数字化治理基础、民生治理（精准扶贫、教育就业、医疗健康）、城市治理（智能交通、垃圾分类、环境保护）、安全治理（食品药品安全、公共卫生、应急管理）、基层治理、网络治理、诚信治理及区块链监管等重点领域的应用思路和代表性案例。同时，本书着重探讨在数据要素化的发展背景下，如何发挥区块链在打通“数据孤岛”，实现数据价值挖掘与融通中的重要作用，为构建新型社会治理体系提供有益借鉴。

总体来说，本书对于社会治理领域的从业者、兴趣爱好者是一部难得的区块链应用参考书籍。本书通过对社会治理领域中区块链技术发展与应用模式的分析研讨和案例介绍，希望引发读者对区块链+社会治理应用潜力的思考。同时，本书中提出的新型社会治理体系具有一定的前瞻性和开创性，对于我国社会治理现代化也有重要的借鉴意义。

中国工程院院士

2021 年 10 月 18 日

序 二

当今世界正经历百年未有之大变局。

在新冠肺炎疫情全球肆虐的背景下，人们许多固有的格局和价值观都正在发生剧变，“逆全球化”趋势抬头，人类社会的发展前景也陷入众说纷纭的迷雾之中。在这场重大突发公共卫生事件中，中国在发动群众、调动资源、基础建设等“集中力量办大事”方面的表现举世瞩目，这也使中国成为抗击新冠肺炎疫情成效最为显著的国家。这充分说明，要在时代的洪流中屹立不倒，关键是要办好我们自己的事。而要办好自己的事，除建立有效的经济技术体系外，还有一项重要的任务就是确保政治和社会长期稳定，并最大限度地获得公民对政治体系的拥护和支持。要达到这一目标，社会治理不能不占有突出的位置。

自党的十八届三中全会首次提出加快形成科学有效的社会治理体制以来，社会治理体系和治理能力的现代化就成为党和国家高度关注的一项重要工作。社会治理既包括各级人民政府对所辖地区的治理，也涵盖居委会等的基层治理，甚至还涉及某些社会组织（如小区业主委员会）对特定事务和特定对象的治理等。与此同时，近三十年来，互联网在中国的迅速发展虽然给人们的日常生活带来了便利，但是也使人们面临隐私保护、数据安全、信任重构等方面的问题。这就使得我们对社会治理的理解、认识、构建与实施也必须要借助新技术、新手段去形成新模式、新方法。

区块链技术是一场百年一遇的重大技术革命。

在当下这样一个数据爆发式增长的时代，由于以往单一的中心化的“大脑”已经无法顾及细小的“神经末梢”，就必然需要一种全新的机制，使得这些神经末梢之间可以相互连通、相互协作、形成共识，最终确保社会运行效率和公信力。如果说信息互联网和移动互联网的产生，使数据的收集与分析成为可能，专注于数据的“有”的话，那么与以往的技术革命解决的主要是生产力的提升问题所不同，区块链正力图形成一种新的生产关系。它使数据的生产、定价、交易和保护成为可能，更关注数据的“用”，最终将成为价值互联网的基础设施。借助区块链的隐私计算和加密传输技术，大量以往难以被授权使用的诸如病历、婚姻、信访记录等隐私数据便更有可能应用到社会治理中。例如，通过这类数据的“碰撞”，有效识别出可能对社会存在危害的高风险人员，及时进行处理或管控，防止危害行为的发生；又如，可以利用区块链自信任的特点，构建社区的自治管理平台，使基层的投票选举能够获得更广泛的支持，同时，基层的呼声也可以传递到主管部门。凡此种种，说到区块链的适用领域，考验的仅仅是我们的想象力。区块链技术具有实现多方平等协作的天然技术优势，其多中心、点对点、自信任的特点与多方参与、协同共享的社会治理理念高度契合。在 5G、大数据、云计算、物联网、人工智能技术广泛应用，推动数字化水平不断提升的背景下，区块链技术在社会治理领域将大有可为，它将重塑政府与多元社会治理主体之间的角色关系，提升社会治理智能化、精细化、法治化水平，推动社会治理创新。

本书是国内顶尖的区块链产、学、研、用团队的集体智慧的结晶。他们的宏伟愿景和开拓实践使我深受感动，他们也将实践成果无私地分享在本书中。本书介绍了社会治理的发展脉络，深度剖析了区块链与社会治理高度契合的原因，重点阐述了区块链技术在民生治理、城市治理、安全治理、基层治理、网络治理、诚信治理等方面的应用潜力，提出了构建新型社会治理体系的基础框架，展望了区块链助力社会治理的未来，具有很强的现实指导意义和较高的前瞻性，为广大行业从业者提供了有益参考。衷心期望本书能够为推动区块链在社会治理的应用探索及推进社会治理体系和治理能力现代化贡献一份力量。

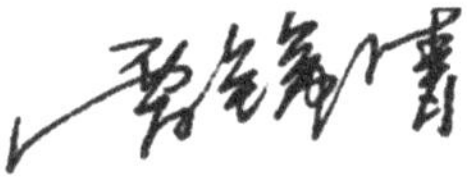

2021 年 10 月 10 日

前 言

凯文·凯利（Kevin Kelly）曾预言，信息技术带给人类社会的最终改变将是“分布式、去中心和自组织”式的，而区块链正在推动实现这个预言。在传统社会结构中，“金字塔”式权力架构基本上决定了只能由少数人掌控权力，大多数组织、个体很难在其中发声或参与权力运行。随着数字社会的全面到来，数字世界成为人类活动的重要空间，区块链分布式、多中心的网络特征，正在使强结构、强控制的“中心化社会组织结构”，转变成弱控制、扁平化和网络化的“多中心社会结构”。这个变化也体现在政府管理模式由传统的层级制模式向多元主体平等参与模式的转变，这为多元主体参与社会治理创造了基础条件，提供了动力。

党的十九届五中全会以来，在习近平新时代中国特色社会主义思想的指导下，我国正积极探索中国特色社会治理之路，努力构建“共建共享共治”的社会治理制度。创新社会治理方式和模式，需要充分发挥科学技术的支撑作用，不断提升社会治理科学化、智能化、精细化水平。达沃斯论坛创始人克劳斯·施瓦布认为区块链是继蒸汽机、电力、计算机之后第四次工业革命的重要成果，作为一项革命性技术，区块链拥有催化社会治理模式变革的巨大潜力。它在数据确权、数据可信、数据安全共享方面具有明显优势。区块链技术能够在数据本质上明确其权属，使数据权属具有内生性，再配合应用智能合约技术实现数据权益分享过程的自动化、精准化跟踪、计算、分配，成为数据可信流通的基础设施；区块链技术是一种分布式账本技术，在充分应用隐私计算技术的前提下，实现多方之间的数据安全共享；区块链技术能够构建一种去信任的新型数字信任模式，实现共享数据的可信，特别适合多方协作的应用场景，这与社会治理的多元参与协同相契合。区块链颠覆了以往中心化的信息管理方式，具有多中心、点对点、分布式存储的技术特点，基于分布式共识和数据可追溯、不可篡改的数字信任模式，以及利用智能合约实现自动化协同，将极大地改变、丰富和创新社会治理手段，推动政府组织管理架构的演变，促使社会治理结构多元化和扁平化，助力形成政府主导、多元主体参与、社会协商共治的社会治理新格局。

区块链在社会治理中的应用场景广泛而丰富。从数字化政府转型过程中探索利用分布式数字身份实现政务系统转型升级，到打破数据孤岛，实现政务数据信息的互联互通；从事关社会民生的教育、就业、医疗、养老、交通等领域的智能服务、智慧治理，到关乎社会稳定的食品药品安全问题、公共卫生事件、应急管理事件、网络交易与安全等问题的预警、判断、分析、解决和监管，区块链技术有利于促进多方信息协同共享，极大地提高了跨层级、跨部门、跨行业、跨区域业务协同的效率，对我国新型社会治理体系底层建设具有重要意义。随着社会数字化程度的不断加深，作为一种新型基础设施，区块链可为公证、司法、知识产权保护等领域提供底层基础服务平台保障险，实现链上存证、固证，保证电子证据的不可篡改；将穿透式监管引入市场监管、危险化学品管理、建筑安全等领域，实现数据信息全程可溯源，提升风险预警、研判和监管能力。

伴随着数字化浪潮和第四次工业革命的蓬勃发展，可以预见一个更加智能化的数字社会的到来。通过以区块链为代表的新一代创新技术赋能社会治理，将为社会治理能力的提升提供强有力的技术支撑和底层基础设施保障，助力社会治理手段的探索创新和应用场景的全方位拓展，构建新型社会治理体系，推动国家治理体系和治理能力的现代化建设。基于此，我们希望通过编撰此书，帮助读者在了解社会治理本质特征、发展阶段、发展过程及区块链基本原理的基础上，理解区块链技术在社会治理层面开展广泛和深层次应用的可能，了解区块链技术如何推动社会治理体系的转型升级并改变社会生活的方方面面，探索和展望一个利用区块链技术推动治理手段丰富、治理模式创新、治理效能提升的数字化、智能化的未来。

本书分为5篇，共9章，在介绍我国社会治理演变过程、区块链基本原理和关键技术的基础上，重点介绍了区块链在社会治理中的应用可能、实践场景、实际案例和前景展望。

第一篇 概念与理论篇：社会从“管理”到“治理”的演变（第1章、第2章）。第1章揭示社会治理的本质特征，阐述社会治理与国家治理和政府治理的区别和关系。第2章概述自新中国成立以来中国社会治理的变革和发展过程，以及面临的机遇与挑战。

第二篇 技术与基础篇：区块链技术与社会治理融合（第3章、第4章）。第3章首先阐述了区块链的基本概念和密码学技术、分布式共识、点对点网络、智能合约等关键技术，以及区块链行业的发展历程和现状；其次探讨了区块链与大数据、人工智能、物联网、云计算等新兴技术的关系及融合潜力；最后介绍了区块链技术的特点、优势与不足。第4章重点介绍了区块链与社会治理为何具有较高的契合度，以及区块链给社会治理创新带来的新动能。

第三篇 创新与场景篇：区块链与社会治理创新场景（第5章）。首先，介绍了未来数字化社会治理的关键基础，即分布式数字身份和政务数据共享协同。其次，选取了六大区块链与社会治理相结合的应用场景，从现状痛点、解决思路和案例三个方面进行全面介绍，包括民生治理、城市治理、安全治理、基层治理、网络治理、诚信治理。最后，因为监管的特殊性，也对区块链的监管做了单独介绍。

第四篇 探索与实践篇：区块链构建新型社会治理体系（第6章、第7章）。第6章从政策、趋势和生态三个方面阐述了通过区块链构建新型社会治理体系的基础条件。第7章主要介绍了浙江大学区块链产学研团队在社会治理领域的探索和实践。首先，介绍了新型社会治理体系的基础设施——数据基础服务平台，包括平台目标、建设模式和平台价值。其次，详细介绍了六个典型实践案例，分别是首个全国性公证联盟运营链、社会综合治理“预警机”、危险化学品全生命周期管理平台、建筑安全监测平台、智能治税应用平台、培训机构服务监管平台，充分体现了团队的实践成果，为行业发展提供了重要参考。

第五篇 保障与展望篇：区块链赋能社会治理的保障与新蓝图（第8章、第9章）。第8章阐述了新型社会治理体系建设需要从三个方面进行保障，即区块链技术的标准与规范建设、政策与法规支撑、监督与管理变革，这部分内容也是编写团队从实践中结合我国实际情况提出的建议和思路。第9章畅想了新型社会治理体系的发展趋势和蓝图。

本书由来自浙江大学、宁波标准区块链产业发展研究院、链城数字科技有限公司等高校、企事业单位的专家组成的产学研团队编撰完成。

浙江大学在区块链技术理论与应用研究方面起步较早、持续进取、发展迅速，已经成为区块链研究、人才培养、技术创新的高地，早在2018年6月就设立浙江大学区块链研究中心，是国内首个高校级别的区块链研究中心。研究团队由陈纯院士领衔，汇聚诸多海内外著名专家学者，覆盖计算机、软件、经济、数学等多个研究学科，创办了国内首本区块链学术期刊，承担了多项国家级重大规划与项目。2019年10月24日，中共中央政治局就区块链技术发展现状和趋势进行第十八次集体学习，陈纯院士就区块链技术和产业创新发展等问题做了讲解，并谈了意见和建议。

宁波标准区块链产业发展研究院由中共宁波市委网络安全和信息化委员会办公室主管，依托浙江大学软件学院和区块链龙头企业等产学研资源，以国家战略需求为指导，围绕“产业规划编制+技术平台研究+业务应用创新+人才培养汇聚+服务行业监管”五位一体战略，助力区块链产业健康、合规、有序、蓬勃发展。

链城数字科技有限公司是杭州趣链科技有限公司的核心生态公司，杭州趣链科技有限公司是全球领先的区块链产品及应用解决方案供应商和区块链独角兽企业。秉持“建设可信、安全、高效协同的社会生态”的发展愿景，链城数字科技有限公司结合区块链、大数据、人工智能和物联网等技术，为解决“降低信任成本，提升协同效率”的社会难题提供技术平台、解决方案和运营服务，围绕区块链规划咨询、建设信任体系、促进分布式协作、区块链人才培养等领域构建区块链生态。

本书编写历时一年多，其间得到了许多领导、专家、同行及朋友的大力支持与帮助。

由于区块链与社会治理的应用结合仍在探索和发展阶段，加之区块链技术发展迅速，且作者水平有限，书中难免存在不足和疏漏之处，欢迎广大读者朋友提出宝贵意见和建议，以帮助我们进一步修订和完善本书，并与我们一同探讨区块链推动构建新型社会治理体系这一新议题。

编著者

2021 年 8 月

目录

第三篇　创新与场景篇

第四篇　探索与实践篇

第五篇 保障与展望篇

第一篇　概念与理论篇

社会从『管理』到『治理』的演变

第 1 章

社会治理的本质

1.1　治理理念的渊源

中华文化中“治理”这一理念的雏形，最早可以追溯到春秋时期。古籍中的“治理”表示治国、理政、教化和统驭民众。在封建专制社会环境下，“治理”更偏向于强制性、单向性的行政管理。

西方文化中所言的“治理”来源于古希腊。它弱化了早期“治理”概念中的强制性意味，更偏向于在特定范围内行使权威，对被管理者进行引导和控制。整个演变过程蕴藏着浓厚的政治色彩，即在众多利益交织且共同发挥作用的领域中获得一致与认同，以达到某个更高层次的目标。

当代治理概念自 20 世纪 90 年代逐步兴起。全球治理委员会对治理的定义是，治理是指各种公共或私人的机构管理其共同事务活动中诸多方式的总和。它是使相互冲突的或不同的利益得以调和，并且采取联合行动的持续过程。

1.2　社会治理的含义

2014 年 1 月 7 日，习近平总书记在中央政法工作会议上的讲话中指出，

“社会治理是一门科学。”社会治理和社会管理的差异在于，社会治理体现的是系统性、依法性、源头性、综合性，并且社会治理的主体强调多元化，治理的主体、对象、方式和依据等每个关键问题都需要明确。如今，社会治理对象已经逐渐从传统的被动单向式管理转变为主动双向式参与，对待治理对象的方式也将改变。随着数字社会的发展，社会治理的方式将变得多样化；社会治理的依据也更加多元化，涵盖法律、法规、文化、道德、制度及人力、物力、网络、国家机器等多种力量和手段，通过法治、德治，逐渐形成共治。因此，社会治理是国家现代化建设的重要基础，也是我国现代化建设的重要保障。

1.3　社会治理的特征

中国社会科学院社会政策研究中心秘书长唐钧论述了“社会治理”的四大特征：强调“过程”，倡导“调和”，兼顾“多元”，注重“互动”，从不同的角度阐述了我国社会治理的内在特征。概括而言，一是社会治理具有动态性和发展性，是一个过程，而不是静态的结果；二是社会治理强调多元社会主体在平等规则之上进行管理决策，因此必然需要多元主体有序、有效地互动和协作，从而实现共同的治理目标；三是在法治社会中，社会治理的过程应充分应用法律、法规进行有序协作，这也是我国社会治理现代化的重要基础之一。

不同于政府的管理职能，社会治理的过程更强调协调和协作，整体上不具有强制性，并非依靠国家的强制力量来执行和实现权威与命令。社会治理是一个多维度互动的过程，其权力向度是多元的，并非传统的、自上而下式的管理模式。政府、非政府组织及各种私人机构主要通过合作、协商及伙伴关系实现共同目标，协同处理公共事务。可以预见，各种社会力量在社会治理中将扮演越来越重要的角色，打造上下通达的信息渠道，自下而上地对政府机构施加变革影响。

1.4 社会治理与国家治理、政府治理的关系

谈及治理的概念，人们普遍会将国家治理、政府治理和社会治理这三个概念联系起来。三者来自不同视角，隶属不同范畴。实际上，在中国特色社会主义制度下，三种治理视角最终导向同一个目标，即实现人民群众的根本利益。从宏观上看，社会治理所要解决的问题主要涵盖城乡建设、民生保障、公共服务和社会与网络安全等方面。北京大学王浦劬在《国家治理、政府治理和社会治理的含义及其相互关系》一文中全方位地阐述了三者的关系，社会治理和政府治理是国家治理的重要内容和实际支撑，两者内容既有区分也有相互重合，如图 1-1 所示。

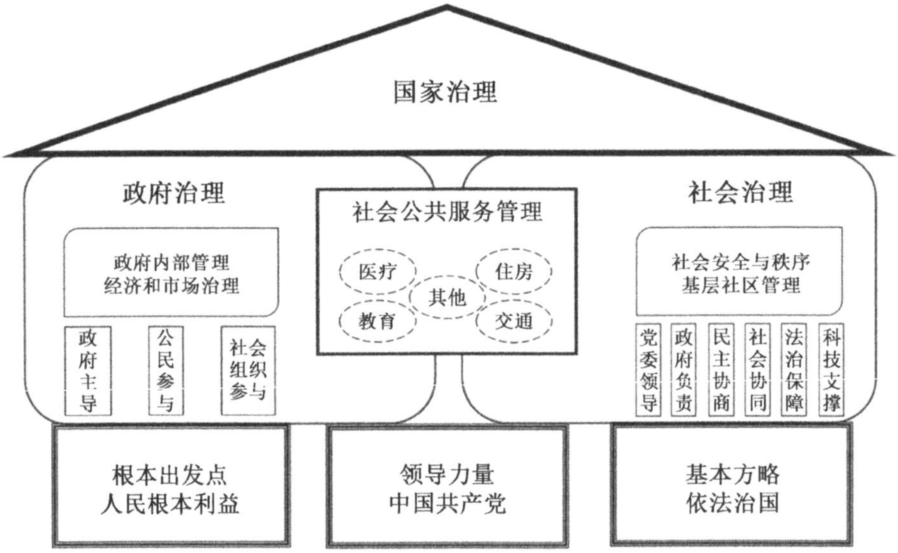

图 1-1 国家治理、政府治理和社会治理三者关系图

本书讨论的重心是数字化、网络化大背景下的社会治理能力提升问题。新时代下的社会治理问题，需要运用技术手段来治“本”。区块链作为新基建的组成部分和重要信任基础设施，已经开始在构建新型社会治理的信息基础设施上发挥重要作用。

第2章

中国社会治理发展、机遇与挑战

2.1　当代社会治理发展

2.1.1　社会治理的模式演变

新中国成立以来，我国在社会治理方面不断实践与探索，逐步形成了与我国国情相适应的中国特色的社会主义制度下的社会治理体系。第十三届全国人民代表大会宪法和法律委员会副主任委员江必新在《国家行政学院学报》上发表的《以党的十九大精神为指导加强和创新社会治理》一文对我国社会治理的发展阶段进行了详细的介绍。

从政府管控到社会管控。新中国成立至党的十一届三中全会前，社会经济活动以国家计划调控为主导，国家权力渗透到社会的方方面面，国家与社会高度整合。与这一阶段的国情相适应，我国社会呈现“政府无处不管”的特点。改革开放初期，我国仍然延续计划经济体制和管控型社会管理体制，社会治理依旧依赖国家的从上至下的单向管控。随着党的十一届三中全会提出将工作重心转变为“以经济建设为中心”，以及党的十四大正式确立建立社会主义市场经济体制的目标后，经济建设促进了社会转型，我国的社会治理进入了社会管控阶段。

从社会管控到社会管理。2004 年，我国第一次提出社会管理议题，标志着我国进入社会管理阶段。党的十六届四中全会上第一次提出要“建立健全党委领导、政府负责、社会协同、公众参与的社会管理格局。”2007 年，党的十七大报告进一步明确，要健全基层社会管理体制。2012 年，党的十八大提出，“在改善民生和创新管理中加强社会建设。”

从社会管理迈向社会治理。2013 年，以党的十八届三中全会审议通过《中共中央关于全面深化改革若干重大问题的决定》(以下简称《决定》)为标志，我国进入社会治理探索与建设阶段。《决定》从改进社会治理方式、激发社会组织活力、创新有效预防和化解社会矛盾体制、健全公共安全体系四个方面对社会治理提出了原则性要求。2014 年，党的十八届四中全会提出，推进多层次多领域依法治理，通过系统治理、依法治理、综合治理、源头治理，提高社会治理法治化水平。2015 年，党的十八届五中全会提出加强和创新社会治理。推进社会治理精细化，构建全民共建共治共享的社会治理格局，是加强和改善党的领导，实现“十三五”规划的重要抓手。

从社会管理到社会治理的转变，反映了我国社会治理机制在治理主体、手段、对象、范围、载体等方面的实践中取得了实质性的进展。总的来看，我国社会治理体制实现了巨大转变，由政府主导的一元化管理体制向多元主体共同参与的多中心治理体制转变。

2.1.2 社会治理的技术基础

纵观社会发展历程，很长一段时间内，我国的社会管理方式主要还是靠人力落实法律制度和行政命令来实现。进入 21 世纪，随着计算机和互联网技术的普及，人类社会逐渐进入网络世界与物理世界并存的阶段，根据 2021 年 2 月中国互联网络信息中心（CNNIC）发布的第 47 次《中国互联网络发展状况统计报告》，截至 2020 年 12 月，我国网民规模达到 9.89 亿人，手机已经成为人们随身携带的必备品，人人在线为实现社会治理数字化、网络化奠定了良好基础，为我国社会治理能力智能化、精细化提供了良好的基础条件。我们可以看到，各行各业的数字化转型和各类互联网应用无处不在，如“一网通办”政务服务、网络购物、网络打车、互联网法院等各类应用层出不穷，不断涌现。人们在网络世界的时间已经不断加长，由此可见，数字化社会治理的场景已然显现，很多社会治理场景也逐渐从线下转到线上或者线上与线下相结合。

近年来，随着 5G 技术、云计算、大数据、物联网、人工智能等信息技术迅猛发展，尤其是大数据技术和人工智能在智慧城市、基层管理等方面的广泛应用，为各类社会治理活动中的精准预测和科学决策提供了有力支撑，有助于实现社会治理的数字化和智能化。

社会治理体系和能力现代化建设必须依靠科学技术，我国相关政策已明确“科技支撑”是社会治理体系建设的重要支柱之一。可以预见，随着科学技术的快速发展，科技在社会治理中将发挥越来越重要的支撑作用，为提高我国社会治理智能化、精细化水平打开新局面，成为推动社会治理精准有效的重要途径。

2.2　社会治理发展的机遇

2.2.1　制度优越性逐渐显现

新中国成立以后，我国在社会治理领域不断探索和发展，取得了与社会发展相适应的丰硕成果，积累了丰富的具有中国特色的社会治理经验。当下，我国正面临社会数字化全面转型，这为社会治理能力的升级创造了基础性、框架性的发展条件。创新社会治理方式，提升治理能力，是当今经济社会快速发展和新时代社会治理新形势的要求，可助力更好更快地实现社会主义现代化强国的目标。要破旧立新，必须从基础性、全局性、根本性问题入手，客观分析当前社会治理所面临的机遇和挑战，在充分深入研究和发现问题的基础上提出解决问题的方法，顺应社会治理的内在规律，科学地进行社会治理范式的转变与创新，避免“头痛医头，脚痛医脚”和“治标不治本”的片面性和盲目性。

近年来，党和政府不断在社会治理领域实践和探索，在不同时期对我国社会治理提出了不同的要求。可以看到，我国社会治理的政策指引方向已经从政府主导向党引领下的多元化治理架构转变。

始终以人为本，以人民为中心，是中国社会治理及其他各项事业建设的基本立场，也是中国特色社会主义制度优越性的体现。在维护国家利益的前提下，社会治理的各项工作要贯彻一切为了人民，一切依靠人民的理念，协调好群体和个体利益，调动社会各参与主体的积极性，为形成“全国一盘棋”的社会治理机制奠定现实基础。

民生建设是中国建设的重中之重，是最重要的基础工程。党的十八大以来，在党和国家的积极推动和不懈努力下，民生工程得到了极大的保障和改善。民生工程的设计与实施是社会治理的基本保障，是中国特色社会主义的本质要求，是我国社会主义制度优越性的重要体现形式。

2.2.2 治理共同体初步形成

改革开放以来，随着社会经济快速发展，人民生活逐渐富裕，生活方式和消费方式更加多样，我国社会日益多元化，企业、事业单位、社会组织、社会团体等逐渐成熟起来，公众主体意识、公民意识和参与意识逐渐增强，人民群众也希望通过社区、网络、媒体等多种途径和方式，参与到与自己密切相关的公共政策制定及相应的社会治理活动中。同时，政府也意识到社会治理不再是政府独自承担的事务，需要主动协调人民群众参与社会治理事务的诉求与政府管理之间的矛盾。因此，国家开始从政府侧逐渐调整与社会的关系。政府逐渐调整了对社会治理事务的管理范围，转而通过购买服务和招投标等方式，将某些政府事务委托或移交给企业或社会组织，充分应用市场化手段，调整和改善政府与其他社会主体之间在社会治理领域的协同关系，有力地调动了社会各方力量的积极性，有助于形成政府领导下的，包括企业、社会组织、公众等多元主体的社会治理共同体。

2.2.3 新技术丰富治理手段

随着我国城市化的快速发展，城市规模不断扩大，社会的多样性、复杂性日趋明显。实践证明，单一化的管理方式和管理手段已经无法应对现代的社会环境，在社会事务处理的精准性、有效性方面都显现某些问题和不足。只有通过积极探索应用新一代信息技术，构建更加科学、智能的社会事务处理和治理手段、工具，不断改进、完善社会治理方式，努力提升社会治理能力和效率，且与技术迭代升级保持同步，不断创新应用新技术，把握新机遇，治理方式和治理模式才能与时俱进，社会治理智能化、专业化水平才能得到提升，社会治理生态才能得以重塑。

技术之于社会治理，犹如翅膀之于飞鸟。近年来，大数据、区块链、云计算、人工智能、物联网、5G 等前沿信息技术应用快速发展，加快了数字社会的全面到来，城市中监控设备网络，如影随形的智能手机“画”出每个人的行动轨迹，各种消费、支付、政务办理数据涵盖个人生活信息的方方面面，在数据安全和隐私保护的前提下，这为数字化社会治理提供了丰富的“土壤”，为社会治理创新提供了不竭动力和技术保障，必将催生出社会治理的新模式、新形态。新技术的综合应用，有利于促进社会治理的社会化、科学化、智能化、精细化，有助于提升公共服务水平，推动加快国家治理体系和治理能力现代化建设。

2.3　社会治理发展的挑战

2.3.1　社会治理理念发展滞后

随着时代发展，我国的治理模式需要随之进行转型升级。在计划经济体制时期，百废待兴的国情要求政府实行“全能式”的管控，“全能型政府”也在一定程度上解决了新中国成立初期的种种难题。在强有力的中央政府的统筹协调下，能够有效地进行大范围的资源整合，使国民经济以较快速度恢复和发展。然而，在当时特定的历史背景下，社会治理也容易等同于政府管理，不同社会主体的创造性和协同效应会被忽略。

政府是新型社会治理理念的倡导者和推进者。在我国政治环境不断优化、经济水平不断提升的大背景下，社会主体主动参与社会治理的积极性不断增强。然而，政府这个“看得见的手”依然在社会生产、生活等各个领域具有较大的主导权，许多本来能够让社会主体参与解决的问题依然依赖政府主导、包办解决，这种有意识或无意识的依赖仍然存在着惯性，多元主体在社会治理中进行普遍协作鲜有出现，难以实现多元主体参与的社会治理效果，不利于全能型政府向服务型政府的转变。

2.3.2 公众社会自治意识薄弱

在那个时期，民众参与愿望不强或参与的手段与工具落后，造成社会大众对参与社会治理事务的主动性和积极性相对欠缺。一方面，由于我国几千年的封建社会体制与文化的潜移默化影响，人们或是无意识参与社会管理事务，或是难有参与社会管理的机会。另一方面，“官本位”的思维认为社会管理事务是官员、政府的事情，因此也影响着人们的参与主动性。转变这种情形需要各方面的条件，最终目的是要充分调动社会各方力量，保持对社会治理中公共问题的持续关注、高度参与，鼓励民众从过去只关注个人利益转变为关注公众利益，从根本上转变政府完全主导式的决策与管理模式。

2.3.3 社会治理技术应用不充分

随着移动互联网和智能手机的大规模普及，互联网极大地拓展了人们的生活空间。然而，网络空间的虚拟性和匿名性，对社会治理的效果和模式提出了挑战。如何充分应用各种信息技术，将网络空间打造成为一个真实、健康、积极的生活空间，是社会治理的一个重要课题。

在我国，城镇居民基本通过一部手机就能够直接参与到许多公共事务和一些社会治理事务中，这在大幅提升政务服务效率的同时，也为社会治理数字化奠定了良好基础。在我国社会治理精细化、网络化、智能化的发展过程中，要特别关注新技术应用带来的一些潜在风险或隐患，如数据隐私保护不到位、数据安全问题等。因此，需要加快相关法律法规的研究和与之相契合的配套机制的落地。目前，信息技术风险防范和数据保护立法相关工作已经稳步推进，《中华人民共和国数据安全法》《中华人民共和国个人信息保护法》相继出台，但充分应用数字技术提升社会治理水平需要各方面进一步的支持。因此，人们对新技术的认知与接纳也需要经历一个过程，尤其是政府作为我国社会治理的组织者和参与者，需要深入了解新技术的机会，努力提升对新技术在社会治理方面的应用水平；同时，社会治理是一个相对广泛的应用领域，要让更多的科技人才深入了解该领域并用科学技术助力社会治理方式的创新和高效实施。

第二篇　技术与基础篇

区块链技术与社会治理融合

第 3 章

区块链基础与行业

3.1 区块链的原理及特点

3.1.1 区块链的概念

区块链，英文名称是 Blockchain，其起源要追溯到 2008 年 10 月，一个署名中本聪（Satoshi Nakamoto）的人或团队在 metzdowd.com 的密码学邮件组列表中发表了一篇文章《比特币：一个点对点的电子现金系统》（*Bitcoin: A Peer-to-Peer Electronic Cash System*）。其实，该文章中也没有出现 Blockchain 这个词语，只是随着技术极客们对比特币的理解不断加深，人们发现比特币系统背后的链式数据结构和数据处理机制不仅可以承载比特币交易，还可以适用于其他需要价值传递的场景，当时人们只是使用比特币技术来表达，大概在 2014 年左右，有人提出了 Blockchain 的概念，即区块链，用来表达比特币系统背后的技术。

目前，区块链的定义还没有获得广泛认可的统一表述。2016 年，工业和信息化部指导发布的《区块链技术和应用发展白皮书》中对区块链技术的定义如下：

狭义来讲，区块链是一种按照时间顺序将数据区块以顺序相连的方式组合成的一种链式数据结构，并以密码学方式保证的不可篡改和不可伪造的分布式账本。

概括而言，区块链可以看成一种数据防篡改、可追溯的分布式数据库技术。或者说，区块链是一种数据网络技术，通常网络中的服务器节点的能力都是等同的，每个服务器节点都使用加密技术按固定时间周期把网络中的交互数据搜集成一个数据集合，然后由共识算法保证各个服务器节点搜集的数据集合一致。具体而言，每个服务器节点搜集的数据集合称为“数据区块”，区块记录着每个时间间隔内网络中的交互数据，随着时间的推移，“区块”不断地生成，新增的区块通过存储前一个区块的哈希值，生成按时间顺序前后连接的单向链表，如此就生成了一条随着时间无限延长的数据区块链条，即区块链。若想篡改区块数据，基本是不可能的，主要是由于两个方面的原因。一方面，从块链式的数据结构特征看，由于每个区块都存储了前一个区块的唯一标识，即前一个区块头的哈希值，因此，要篡改某个区块数据并保持区块的前后逻辑连接关系，那么就需要逐个修改每个已经在全网达成共识的区块数据，并重新进行共识。这对于工作量证明（Proof of Work，PoW）共识机制来说，需要付出巨大的算力，其代价是极为高昂的，从现实情况看，这是几乎不可能完成的任务。另一方面，由于区块链是由分布式网络节点构成的，每个节点上都有相同的链式数据，并且各个区块链节点的地位是均等的，因此基本不可能通过修改一个或若干个区块链节点上的数据来达到修改全网数据的目的。

从广义上来讲，区块链技术是利用块链式数据结构来验证与存储数据、利用分布式节点共识算法来生成和更新数据、利用密码学的方式保证数据传输和访问的安全、利用由自动化脚本代码组成的智能合约来编程和操作数据的一种全新的分布式基础架构与计算范式。区块链不仅仅是一种信息技术，站在更高层面思考，它更是一种计算范式，一种能够创造数字信任的新模式、新协议。早在 2015 年，著名的《经济学人》杂志的封面文章用“创造信任的机器”来诠释区块链。达沃斯世界经济论坛创始人克劳斯·施瓦布（Klaus Schwab）认为，区块链是继蒸汽机、电和计算机之后的第四次工业革命的重要成果。区块链被视为一种颠覆式创新技术，它的开放性和分布式存储特性，能够使交易匿名进行而无须中心化监管。它极大地改变了信息存储模式，通过各自维护自己的数据及平等访问，从宏观上实现数据账本的共同维护，最大限度地消除信息不对称，提升数据共享水平和业务效率。数据的生产者、使用者、存储者等相关角色都能够利用区块链的公开、透明、可信机制，使数据权益可以公平共享，数据价值能够被进一步挖掘和释放，为实现数字经济和实体经济价值连接提供了全新的技术引擎。

3.1.2 区块链的关键技术

3.1.2.1 密码技术

1. 哈希算法

哈希算法为散列（Hash）算法的音译，就是把任意长度的输入，通过散列算法，变换成固定长度的输出。区块链中的哈希运算是用来验证交易信息是否被篡改的单向密码机制，它将任何格式的数据（文本、音乐、电影等各种数字信息）加密运算得到一个长度固定的哈希值或者称散列值，其值为一串字符。

目前，主要使用的哈希算法包括 MD4、MD5、SM3、SHA1、SHA2、SHA3、SHA128、SHA256 等。SHA1 已被证明不具备“强抗碰撞性”，MD4 也已被证明不够安全。为了提高安全性，美国国家标准与技术研究院（National Institute of Standards and Technology，NIST）还设计出了与 SHA1 算法原理类似的 SHA224、SHA256、SHA384 和 SHA512 算法（统称为 SHA2）。我国自主研发的哈希算法 SM3 也已经成为相关领域的标准。

哈希算法之所以拥有广泛的应用，主要是因为其具备以下特性。

（1）正向快速：给定输入数据和哈希算法，能在有限的资源和时间内，得到任意长度明文的哈希值。

（2）输入敏感：输入信息有任何微小的改动，都会产生全新的哈希值，且与原哈希值完全不同，也难以通过比对新旧哈希值的差异推测输入数据内容的变化。

（3）逆向困难：在现有计算能力条件下，难以在有限时间内通过给定哈希值逆向推出原文。

（4）强抗碰撞性：对于任意两个不同的输入，很难根据同样的哈希算法产生相同的哈希值。

哈希算法的特性使得通过它获得的哈希值被形象地比喻为“数字指纹”，它既可以用来以固定长度字符标识一个超长数据明文，也可以用来验证数据传递过程的数据完整性。

2. 加密算法

加密算法主要分为对称加密算法和非对称加密算法。对称加密算法就是加密和解密使用同一个密钥，这种加密技术被广泛采用，如 DES、3DES 等。非对称加密算法就是加密和解密使用不同的密钥，通常有一对密钥，即公钥和私钥。私钥是一个特定长度的随机数，根据特定的密钥生成算法，如椭圆曲线算法，用私钥可以计算出公钥；反之，由公钥无法反推出私钥，这是由密钥生成算法的特性决定的。其中，公钥可以对外公布，类似于个人银行卡号；私钥则是由持有者保管，类似于银行卡密码。相对于对称加密算法，非对称加密算法的优势在于用自己的私钥加密数据，只需要公布对应的公钥即可，不存在对称加密算法中因密钥丢失而导致无法解密或被他人截获的风险。

3. 数字签名

数字签名的作用与对纸质文件进行的签名作用类似，可以验证数据发送方的身份。一般地，数字签名有三个特征：数据接收方可以通过验证文件的签名而核实数据发送方，除发送方之外的任何人无法伪造签名或更改文件内容，发送方无法抵赖签名行为。

数字签名使用非对称加密算法，即在数字签名过程中发送方使用其私钥对数据进行签名，即加密；接收方使用对应的公钥验签，即解密。使用数字签名技术可以确认数据的来源，证明其确实是由数据发送方发出的。

数字签名具体的工作过程如下：

（1）根据非对称加密算法，给发送数据信息的双方各自生成公私钥对。

（2）对要发送的数据进行哈希计算，然后，使用发送方的私钥加密该哈希值，生成签名信息。

（3）把签名信息和数据信息一并发给接收方，同时公开发送方的公钥。

（4）接收方接收到报文后，先用发送方的公钥解密签名信息，还原出哈希值，然后再计算数据的哈希值。

（5）接收方将解密签名得到的哈希值和根据报文数据计算得到的哈希值进行比对，如果两个哈希值相等，则表示验证通过。

目前，主要的数字签名算法有 RSA、ElGamal、Schnorr 和国密 SM2、Des/DSA，以及椭圆曲线算法等。

3.1.2.2 分布式共识

区块链是一个点对点、多中心、分布式的记账系统，节点之间数据的一致性不再依靠任何可信的第三方来达成，因此需要一种算法来实现各个区块链节点之间的数据一致性，这就是所谓的分布式共识算法。在计算机网络领域，共识问题要追溯到拜占庭将军问题。1982 年，图灵奖得主 Leslie Lamport 和另外两位斯坦福国际研究院（SRI）的同事 Marshall Pease 及 Robert Shostak 共同提出了拜占庭将军问题（Byzantine Failures）。拜占庭将军问题是一个共识协议问题，可简单描述如下：国土辽阔的拜占庭帝国的军队要集合各地的将军共同进攻一座强大的敌人城堡，由于各军队相距甚远，进攻消息只能靠信差传递。战争爆发前，将军们需要就是否攻击这一议题投票达成一致，即需要超过半数将军对赞成进攻达成一致，才能够保证最终获取胜利。然而，将军们中可能存在叛徒，叛徒可能擅自更改进攻时间或意向，致使各将军行动不一致，导致进攻失败。在这种情形下，拜占庭将军们该协商出一种怎样的规则来实现相互之间军事行动的一致性呢？这个问题对应到计算机领域，就是一种网络协作的容错理论。

目前，共识算法要解决两种类型的系统可用性和可靠性问题，一类是技术问题导致的系统服务中断，另一类是某个或某些节点共谋恶意伪造或攻击导致系统服务中断，相应地，就是两种共识，即 CFT（Crash Fault Tolerance）和 BFT（Byzantine Fault Tolerance）。CFT 共识算法可以保证分布式系统中节点发生宕机时整个系统的可靠性，典型代表有 Paxos 算法及其衍生的 Raft 共识算法；BFT 共识算法可以保证在节点发生任意错误出现故障的情形中，只要发生故障的节点数量少于一定比例，整个系统的可靠性就能够得到保证。经过数学证明，假如网络节点总数为 N，恶意网络节点数量为 F，当 $N \geq 3F+1$ 时，该网络才是安全和可用的。

共识算法作为区块链的关键技术之一，一直是业内的重点研究方向。目前，各种公开的有较普遍应用的共识算法有几十种，这里主要对四种主流的共识算法进行介绍，它们是实用拜占庭容错（Practical Byzantine Fault Tolerance，PBFT）算法、工作量证明（Proof of Work，PoW）、权益证明（Proof of Stake，PoS）、委托权益证明（Delegated Proof of Stake，DPoS）。

1. PBFT 算法

1999 年，米格尔·卡斯特罗（Miguel Castro）和芭芭拉·利斯科夫（Barbara Liskov）提出了实用拜占庭容错算法，解决了原始拜占庭容错算法效率不高的问题，大幅降低了算法复杂度。该算法也是在 $N \geq 3F+1$ 时保证容错，算法复杂度为 $O(n^2)$。该算法使系统可以每秒处理上千次请求，优化效果明显。

PBFT 是针对以状态机副本复制为主的分布式系统执行环境开发的算法，旨在让系统中大部分的诚实节点来覆盖恶意节点或无效节点。如图 3-1 所示，共识过程如下：客户端（Client）发起消息请求（Request），并广播转发至每个副本节点（Replica），由其中一个主节点（Leader）发起提案消息 Pre-prepare，并广播。其他节点获取原始消息，在校验完成后发送 Prepare 消息。每个节点都收到 $2F+1$ 个 Prepare 消息，即认为已经准备完毕，并发送 Commit 消息。当节点收到 $2F+1$ 个 Commit 消息时，我们就认为该消息已经被确认完成（Reply）。

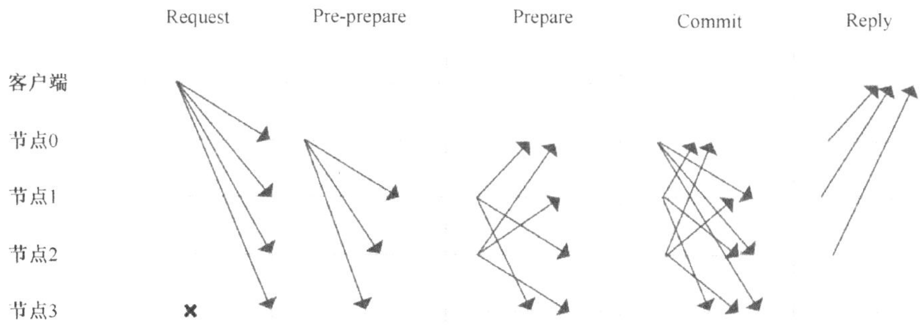

图 3-1　PBFT 流程示意图

PBFT 算法具备权限分级能力，能耗比较低，可以容忍任何类型的错误，记账由多人协作完成，每个区块都有最终性，不会分叉。但是该算法对节点数量要求较高，只适用于一定节点数量内的区块链系统，因此该算法的扩展性不佳。

2. PoW

PoW 称为工作量证明，这是比特币使用的共识算法。每个节点都可以参与全网区块数据的发布，前提条件是每个节点都需要消耗自己的算力来计算一个系统设计好的“数学题”，优先算出答案的节点可以获得当前区块的发布权，也就是记账权，这就是所谓的“挖矿”。具体而言，当某个“挖矿”节点计算找到满足条件的哈希值之后，会马上广播其打包好的区块数据，其他节点收到区块数据后，会立刻对其进行基本的有效性验证。如果验证通过，则表明该区块“合法”，自己就不再竞争当前区块的记账权，而是选择接受这个区块，并在该区块中存储前一个区块的哈希值，实现区块之间的逻辑连接，形成本节点自己的区块数据账本，然后进行下一个区块的竞争记账。同时，获得记账权的节点会按照比特币网络的算法规则得到一定数量的比特币奖励，如此一来，则有更多算力参与到记账权的竞争中。其实，这在客观上实现了一个不间断地区块链网络服务。全网节点都在竭尽全力地计算以“抢夺”记账权，也就意味着全网节点共同维护着一个由最大工作量区块构成的链，即最长链——全网都认可的数据账本。

至于工作量证明中的“挖矿”机制，就是挖矿节点在计算对应的区块头哈希值时，通过不断改变当前区块头中的随机数字段 Nonce 的值，直到找到一个 Nonce 值使得区块头哈希值小于指定的难度值，一旦成功，节点就可以向全网发布当前自己的区块，比特币区块的数据结构示意图如图 3-2 所示。

具体过程如下：

（1）挖矿节点以当前最新区块的头部信息和初始随机数值作为参数计算哈希值。

（2）将计算得到的值与目标值对比，若不符合，则随机数值增加一个单位，再次计算哈希值，若符合则进行下一步。

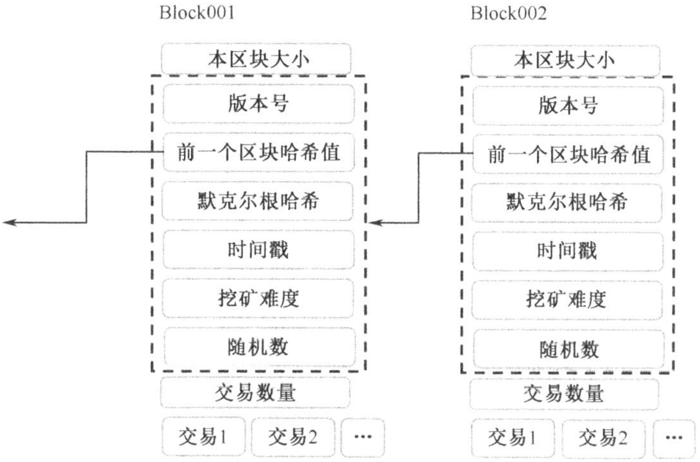

图 3-2　比特币区块的数据结构示意图

（3）得到符合条件的随机数值，获得记账权。

工作量证明靠的是算力，也就是机器进行哈希计算的能力，它本质上是消耗能源电力，算力越大就越有可能获得记账权，也就越有可能获得比特币奖励。工作量证明算法简洁、易实现，有效解决了拜占庭将军问题；同时，节点可以自由接入或者离开网络，而不影响网络的正常运行。不过工作量证明也有缺点，即共识达成的周期较长，“挖矿”算法虽然是应对拒绝服务攻击、女巫攻击和其他服务滥用的最佳对策，但也消耗了大量的能源。

3. PoS

PoS 称为权益证明，它的提出是为了解决 PoW 过度消耗能源的问题。具体而言，PoS 中有一个币龄的概念，即持币的数量和持币的时间的乘积。PoS 挖矿的验证公式为 Hash（Blockheader）<币龄 × Target，其中，Blockheader 是区块头数据、Target 是难度目标。由此可见，PoS“挖矿”用户只要自己的币龄大，那么获得记账权的概率就大。通常，参与 PoS“挖矿”的门槛比较高，即要质押一定数量的币才具有成为“矿工”的资格。

PoW 与 PoS，一个由“算力”决定，另一个由“权益”决定。在 PoS 中，“矿工”只需要通过抵押权益资产来获得记账权，不再需要消耗能源来计算数学难题，因此记账权的获取难度大幅降低，出块的效率明显高于 PoW 机制。虽然 PoS 与 PoW 相比有较大进步，但也同样存在一些缺点，如攻击成本低，只要节点有一定数量的质押代币，就有可能成为验证者发起攻击。

4. DPoS

DPoS 称为委托权益证明，2013 年 8 月，比特股（Bitshare）项目中就使用了 DPoS 算法。DPoS 算法和 PoS 算法相似，也采用权益质押。不同的是，DPoS 算法采用委托质押的方式，即以类似于全民选举的方式选出固定数量的节点进行出块、记账，即“民主集中”决策模式。采用 DPoS 共识机制的区块链，其正常运转依赖选定的出块节点，它们是全网节点通过投票产生的，一个交易在经过 2/3 以上的出块节点确认后，就基本实现了不可逆。

DPoS 算法的优点是记账节点减少、交易速度更快，安全性也较高，共识后不可逆，可以确保最终的一致性。但同时该算法也存在不足，如节点参与投票的积极性不高，导致超级节点固化，网络节点参与度不足。

3.1.2.3 点对点网络

经典的网络服务框架大部分是客户端/服务端（Client/Server，C/S）架构，即通过一个中心化的服务端节点，为许多个申请服务的客户端提供服务。这种网络架构的单个服务器能够确保提供服务的一致性，方便对服务进行维护、升级和管理。但是也存在一定的缺陷，C/S 架构完全依赖中心服务端，当服务节点发生故障时整个网络服务会随之瘫痪，并且单个的中心服务端处理能力有限，中心服务节点的性能又制约着整个网络的性能。

P2P（Peer to Peer）网络即点对点网络，也称端到端网络。无中心化服务器、完全由用户群进行信息交换是其主要特性。例如，人们熟知的下载软件 EDonkey、eMule、BT 等都是基于 P2P 技术的应用。P2P 网络中的每个节点既是客户端，也是服务器，相互之间可以直接进行数据传输和通信，因此它是一种依靠用户群共同维护的网络结构，其结构如图 3-3 所示。在 P2P 网络中，任何单一或少量的节点故障都不会影响整个网络的正常运转。通常，P2P 网络的容量没有上限，随着节点的增加，整个网络的可用资源也在同步增加，资源的增加同时带动了服务质量的提高。

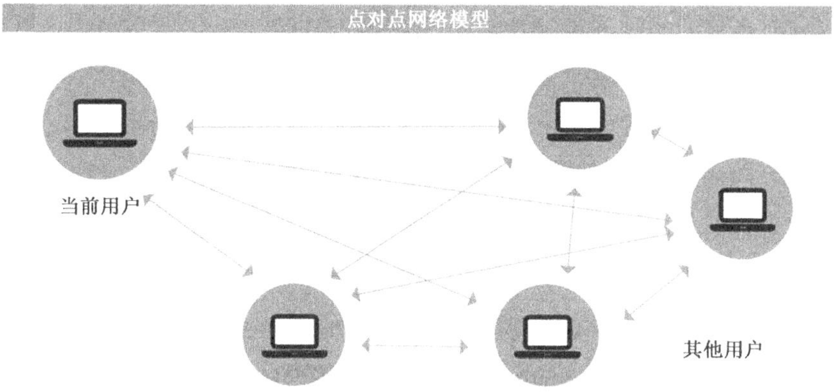

图 3-3　P2P 网络结构

3.1.2.4　智能合约

智能合约（Smart Contract）的概念是在 20 世纪 90 年代由计算机科学家、密码学家尼克·萨博（Nick Szabo）首次在文章 *Smart Contracts: Building Blocks For Digital Markets* 中提出的。尼克·萨博在该文中列举了一个自动售货机的例子，买方将一定数量的货币投入自动售货机并选择要购买的货物，这在买方和自动售货机之间创建了一种强制执行的契约，买方投入货币并选择商品，卖方通过内置于自动售货机的机器逻辑提供商品和找零。他将智能合约定义为“一套以数字形式定义的承诺，包括合约参与方可以在上面执行这些承诺的协议。”本质上，智能合约是指运行在计算机上的一个程序代码，是通过代码构建出的一套具有强制执行力的约定。不过，就当前的发展水平看，智能合约还远达不到“智能”，但这不妨碍实现区块链行业所倡导的“代码即法律”（Code is Law）的愿景。

随着区块链技术的快速发展，各种运行在区块链上的分布式应用（Decentralized Application，DApp）暴发式增长，相应地，被部署运行的智能合约数量也随之激增。相较于传统的应用软件程序，智能合约也有其短板。

（1）智能合约的可信来自其自动化执行和不可篡改性，一旦被部署上线便无法修改。这个特点有利也有弊，如果智能合约被黑客攻击或者出现程序漏洞，将会带来巨大风险甚至经济损失。

（2）很多区块链项目都会开源，包括智能合约代码，以此来提升用户对合约及区块链平台的信任度，但同时也降低了黑客攻击的成本。所以，开源也是一把“双刃剑”。一般而言，对于公有区块链，部署的智能合约源码都需要开源；对于面向商业应用场景的联盟区块链，智能合约开源都是非常慎重的。

（3）智能合约作为一种软件开发成果，难免存在问题甚至漏洞。业界也在不断地探索提前发现智能合约风险的方法，如形式化验证、模糊测试、符号执行、污点分析等，以便能够提高智能合约代码的安全性。

（4）智能合约只能访问链内数据，无法与链外进行数据交互。解决该问题的办法是预言机技术（Oracle）。说起 Oracle，一般人都会想到数据库。其实，Oracle 的本意是神谕、预言之意。预言机技术存在的前提是区块链是一个确定性的、封闭的系统，处理数据的载体是运行在区块链上的智能合约，但是智能合约无法直接从区块链系统外部获取数据，只能在封闭环境中执行特定任务。而预言机就是一个从链外获取真实数据，从而确保链上数据真实的机制。举个例子，两个兄弟打赌一场足球赛的胜负，两个人通过区块链上的智能合约约定赌输的一方要向赌赢的一方支付一定数量的链上资金，那么问题来了，由于足球比赛是在物理世界进行的，比赛结果自然是在区块链系统之外的，最终谁来告诉智能合约比赛的结果，而且这个结果是真实可信的。这就是预言机技术所要完成的工作，它是一种将链外数据真实地输入链上的机制。在数字化社会治理领域，面临着各种链外与链内的数据交互，预言机技术作为桥梁，其重要作用显而易见。

3.1.3 区块链的基础架构

通常，区块链的基础架构主要包括数据层、网络层、共识层、激励层、合约层和应用层，如图 3-4 所示。其中，数据层、网络层和共识层三者是区块链的底层基础，必不可少；激励层、合约层和应用层则可以根据实际应用场景的需要进行设计选用。

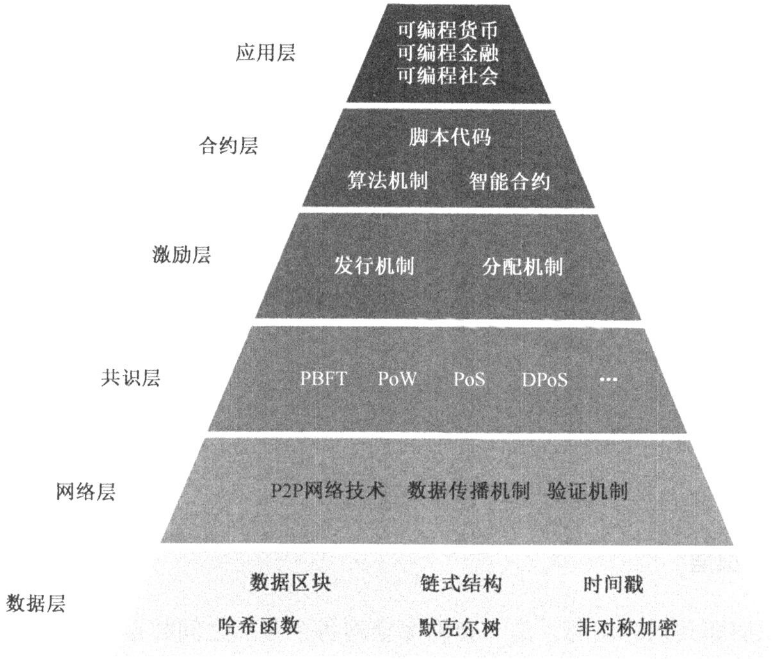

图 3-4　区块链的逻辑层次架构

1. 数据层

数据层描述区块链的数据存储结构，主要包括区块结构体和交易数据，涉及哈希函数、默克尔树（Merkle Tree）、非对称加密等技术。作为区块链系统的基础层，一般从此开始设计开发区块链系统，需要建立一个被称为“创世区块”的起始数据块，之后以同样的规则，通过共识算法创建规格相同的区块，并通过单向链式结构在新区块中依次记录前一区块的区块哈希值，由此连接组成一条“链”。随着时间的推移，新的区块在验证后被不断添加，链被不断延长，如图 3-5 所示。

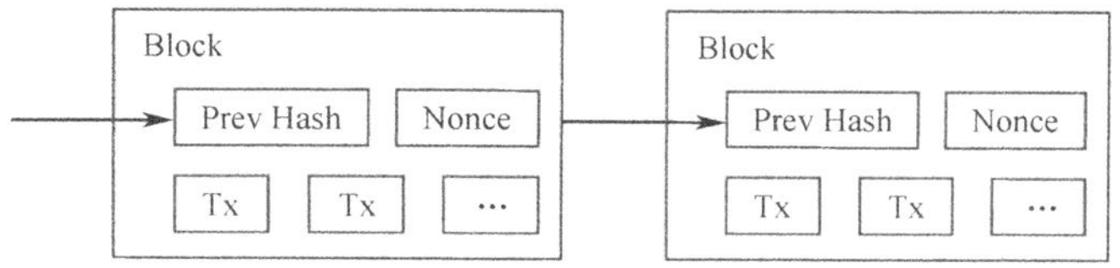

图 3-5　区块链接示意图

2. 网络层

网络层主要实现节点之间的数据交互，包含点对点（P2P）网络技术、数据传播机制和验证机制。区块链网络是 P2P 网络，在 P2P 网络中相连的节点都处于相同地位，没有主次之分。区块链中每个节点都既接收信息，也产生信息，节点之间通过维护一个共同的区块链账本来保持通信。在该网络中，每个节点都可以创造新的区块，在新区块被创造后会以广播的形式通知其他节点，其他节点会对这个区块进行验证，验证的规则由具体的共识算法决定，如在比特币的 PoW（工作量证明）算法中，一个区块中的一笔交易在获得后续六个区块的确认后基本实现不可逆转，这在《比特币：一个点对点的电子现金系统》中已经被证明。

3. 共识层

共识层即共识算法层，是一套确保全网各个节点之间数据信息保持一致的规则，其主要作用是决定网络中的节点谁来进行记账、如何记账，以使整个区块链系统的数据始终保持一致，它是影响整个区块链系统安全性、可靠性及效率的根本。目前，主流的共识算法有实用拜占庭容错（PBFT）算法、工作量证明（PoW）、权益证明（PoS）和委托权益证明（DPoS）等。共识算法是区块链系统性能提升的掣肘，更是未来区块链技术创新发展的重要方向。当前，共识算法主要还是在现有成熟共识算法的基础上改进或通过多种组合方式进行探索，当然也有像有向无环图（Directed Acyclic Graph，DAG）这种不同于链式数据结构的共识方法。

4. 激励层

激励层旨在实现区块链激励机制，吸引更多的参与者，为区块链生态治理提供重要抓手。在公有链中，任意节点不需要进行认证就可以随时加入或退出区块链网络，为了补偿节点贡献算力而付出的资源、时间等成本，需要对其进行经济激励，使得不断有算力节点进入区块链网络，以保证整个区块链系统正常运转。在联盟链中，经济激励不是必需的，但也可以利用区块链的公开透明机制，以权益的形式根据实际情况和需求考虑设计激励模型。尤其是在社会治理领域，可以在合法合规的前提下，利用区块链来设计和实现分布式的激励机制，有助于提升各方参与社会治理的积极性。

5. 合约层

合约层主要封装各种脚本代码和智能合约，并赋予账本可编程的特性。在达到约束条件时，智能合约会自动触发执行事先约定好的数字化条款。合约层是建立在数据层、网络层和共识层之上的业务逻辑和算法。

6. 应用层

应用层封装区块链的各种应用场景和案例，如跨境支付应用、各种 DApp 等。

3.1.4　区块链的技术特点

区块链具有数据不可篡改、分布存储等技术特点，在网络世界中开创了不需要第三方背书的信任机制。通常，区块链技术具有如下特征：

一是系统高可靠。区块链是多中心化的分布式存储架构，通过链式数据块使得每个网络节点都会与其他节点保持数据一致。如果某个节点出现服务故障，由多个节点构成的区块链系统仍然能够正常运行。

二是防篡改、可追溯。Oracle、DB2 等传统关系型数据库支持增加、删除、修改和查询四个基本操作，而区块链在数据管理层面去除了“删改”操作，数据只能够增加和查询，确保区块链数据轨迹完整可追溯，各方数据保持一致，如图 3-6 所示。

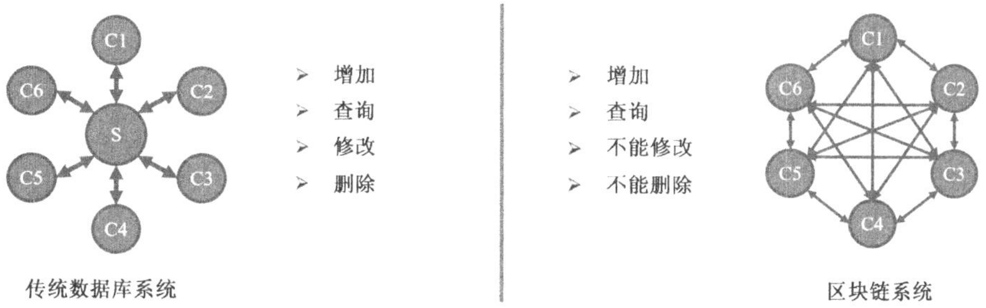

图 3-6　传统数据库系统与区块链系统

三是透明可信。在区块链系统的节点均是对等节点。系统中的每个节点都可以查看全系统完整的交易数据，因此整个系统中的所有交易对所有节点都是透明的，每条交易数据都是通过各个节点之间的共识机制来共同确认的，也就是说所有数据都是高度可信的。

3.2 区块链行业发展概况

3.2.1 区块链的历史

美国科技作家梅兰妮·斯万撰写的《区块链：新经济蓝图》将区块链技术的发展历程大致分为三个阶段：区块链 1.0、区块链 2.0、区块链 3.0（见图 3-7），这也是整个行业比较认同的划分方式。

图 3-7 区块链发展阶段

1. 区块链 1.0

区块链 1.0 指以比特币（Bitcoin）为代表的加密货币时代，主要实现了去除第三方信任中介后，基于网络算法的电子货币支付，该阶段的区块链技术的研发和应用场景主要集中在“加密货币”领域，加密货币交易是此阶段人们参与区块链的最主要形式。

2. 区块链 2.0

区块链 2.0 指以太坊（Ethereum）为代表的提出应用智能合约的可信编程时代。程序员维塔利克·布特林（Vitalik Buterin）设计创建的以太坊为底层区块链账本引入了图灵完备的应用语言，方便人们可以在通用的区块链底层平台上自主编写智能合约进行区块链应用开发和数字资产发行，极大地扩展了区块链应用能力，推动区块链进入了真正可编程应用阶段。在该阶段，人们逐渐意识到区块链技术具有巨大的应用价值，它不止可以用于加密货币的制造、发行，更重要的是其应用范围可以延伸到股票、众筹、债券、对冲基金、期货、期权等金融领域，以及供应链、政务、司法存证、数字身份、知识产权等实体经济领域。

3. 区块链 3.0

区块链 3.0 基本上述是对未来区块链技术发展与应用渗透到社会底层的一种愿景。从目前的视角看，在区块链 3.0 时代，区块链将下沉为底层平台技术，凭借其不可篡改、透明可信等特点渗透到生产、生活、社会治理的方方面面，大到政务办理，小到人们的衣食住行，区块链将在国家治理、政府治理、社会治理的方方面面充分发挥数字信任基础设施的作用，逐步形成区块链产业化。此外，区块链技术还会与云计算、人工智能、大数据等技术融合演进，在一个大的底层框架内构筑各种各样的应用，为各行各业提出基于区块链的解决方案，真正形成一个价值互联网，成为人民对美好生活向往的最佳实践方式。

3.2.2　区块链的分类

根据用户的访问管理权限可将区块链分为公有链、联盟链和私有链三类。

1. 公有链

公有链是完全去中心化且开放的一种区块链，不受任何单个中心机构的控制，各个节点可以随时加入或退出网络，网络内的任何人都可以参与系统维护工作，进行链上的交易确认和共识。

公有链主要具有以下几个特点。

1）数据完全公开

在公有链中，所有的区块数据都是公开可查的，但数据的所有者具有一定的匿名性。

2）去中心化，不易监管

基于点对点网络，任何具有计算能力的机器都可以无门槛地成为公有链的一个节点，每个节点都是公平对等的，可以无限制地自由进出公有链网络，这使得整个区块链网络都难以监管。

3）代码开源

公有链的源代码通常是完全开源的，这就保证了其运行的公开性和透明性。

2. 联盟链

联盟链是由预先确定的或经过审核的有限数量的节点共同参与维护的区块链，通常每个节点都由相应的机构运行。一般地，节点分验证节点和非验证节点两类，目前，联盟链多采用类拜占庭容错（BFT）算法。

联盟链具有以下几个特点。

1）交易速度快

由于联盟链的节点有限，且各参与方已互相知晓彼此的身份，部分业务已经在线下达成一定共识，因此相互之间已经具有较高的信任度。因为参与共识的节点数量非常有限，共识算法运行效率高，交易速度也比公有链有较大提升。

2）可控性较强

联盟链本质上是许可链，即参与区块链的节点是有限的并且是可控的。联盟链上的数据公开性是通过有限各方协商相关规则来确定的，这使得整个网络的可控性被明确下来。

3）数据不会默认公开

区别于公有链，联盟链的数据访问权限只开放给联盟内的机构和用户，通常非联盟成员是看不到联盟内的数据的。在同一个联盟链内，也可以通过权限配置和合约控制，对不同业务之间的数据进行限制访问、隔离。

3. 私有链

私有链是只针对某一个主体或企业内部进行开放的区块链系统。该系统内每个节点的身份权限都需要单个组织分配，开放的数据由组织进行中心化管理。

虽然对各个节点都进行了限制，但私有链仍然采用了区块链的多节点框架。

私有链具有以下几个特点。

1）交易速度快

私有链的规模一般较小，并且组织内已有一定的信任机制，交易的过程不再需要每个节点都进行验证，这使得私有链的交易速度大大提升，超过了公有链和联盟链。

2）隐私保护好

不同于联盟链，私有链上的访问权限被严格控制，任何人在没有权限的情况下都不能获得区块链上的数据。并且私有链通常设置在组织内部，可以充分利用企业组织已有的信息安全机制为隐私保护提供保障。

3.2.3　国内外区块链组织

区块链技术起源于 2008 年年底诞生的比特币，随后，一些嗅觉敏锐的企业、机构积极布局，研究、应用比特币背后的技术——区块链。2015 年 9 月，R3 联盟成立，它是一家纽约的区块链创业公司，当时被称为“全球顶级区块链联盟”。作为银行业的区块链组织，该组织主要研究和发现区块链技术在金融业的应用，研究并向全球银行推出分布式账本技术。R3 联盟成立以后，多家商业银行、金融机构、监管当局、贸易组织和科技公司共同参与开发了专门为金融机构量身定做的分布式账本平台“Corda”，并于 2016 年 4 月发布，目前“Corda”平台已经开源。

超级账本（Hyperledger）是 2015 年由 Linux 基金会发起成立的组织，旨在促进成员合作，推广跨行业区块链技术，共同创建并维系一个跨产业的分布式账本技术开放平台，其目前涉及金融、物联网、供应链、制造业等领域。除华尔街金融巨头和金融行业性组织外，还有诸多制造业巨头及非传统金融领域的科技公司。超级账本推出的 Fabric 是面向企业的分布式账本平台，该平台是首个面向联盟链场景的开源项目，也是第一个模块化设计的区块链平台。Hyperledger Fabric 2.0 正式版于 2020 年发布，其从链码的生命周期、智能合约多中心化治理到旧共识算法的废弃、简化 SDK 等方面都有很大提升。

金链盟的全称是“金融区块链合作联盟（深圳）”，于 2016 年 5 月成立。其成员中 70%是金融机构，30%是金融科技企业和互联网企业。金链盟旨在整合及协调相关研究资源，形成金融区块链技术和应用研究机制，提高成员单位在相关领域内的研发能力，研发金融联盟区块链。金链盟以金融业务为实践样本，在 BCOS 开源平台的基础上进行模块升级与功能重塑，开发出 FISCO BCOS 开源金融行业区块链底层平台。

中关村区块链产业联盟是由清华大学、北京大学、中国信息通信研究院、中国互联网络信息中心、中国移动研究院等 70 多家单位于 2016 年 6 月联合发起成立的，是全国首家经民政局核准登记的非营利性社会团体法人，旨在推动以区块链为核心的新一代互联网基础设施的发展，通过加快区块链技术的研究和推广，为联盟成员提供服务。

另外，为了推动我国区块链标准体系建设，工业和信息化部指导中国电子技术标准化研究院于2020年筹建了全国区块链和分布式记账技术标准化技术委员会，该委员会集合了我国众多区块链研究机构、企业和知名专家学者，旨在为国内区块链行业的健康、快速发展建立标准和规范，逐步形成国产自主可控、有国际影响力的区块链标准话语权。

3.2.4 区块链主流平台

区块链技术应用蓬勃发展，方兴未艾，国内外开发的技术平台层出不穷。从整体发展来看，国内主要立足于联盟链的技术研究与应用落地，形成了一些区块链的产业联盟；国外的技术底层平台的开发目的和用途主要是公有链方向，具体在金融领域应用较多。

区块链技术起源于比特币，可以说，比特币是区块链技术的鼻祖。按照区块链通用划分方法，比特币为公有链，即在该网络中任何人都可以加入或退出，没有访问权限门槛。比特币系统不支持智能合约，但是可以支持一些图灵不完备的脚本系统来进行简单的操作编程。作为区块链的第一个成功的典型应用，比特币中的原生区块链设计具有划时代意义，比特币采用工作量证明的共识机制需要消耗大量能源，这也被认为不够环保，但是这完全不影响它引领一系列区块链技术平台的诞生和发展。

以太坊是在 2013—2014 年，由一个出生在俄罗斯的天才少年维塔利克·布特林（Vitalik Buterin）提出的。以太坊是一个图灵完备的公有区块链平台，是面向全球的、开源的去中心化应用平台，采用 Solidity 智能合约编程语言，支持 Go、Python 等多种语言实现的客户端。以太坊的核心特色是智能合约应用，允许用户自行编写合约开发各种各样的 DApp（分布式应用），极大程度地降低了开发区块链应用的门槛。以太坊的目标就是打造一个运行智能合约的去中心化平台，在这个平台上的应用按照程序设定运行，不会停机、不可撤销。以太坊虽然是在比特币的基础上发展而来的面向分布式应用的平台，也仍然有其不足之处，它运行过程中产生的所有上链数据都存在同一个区块链中，导致账本快速膨胀，影响交易速度。目前，以太坊已经计划将现有基于 PoW 的共识机制升级为 PoS 机制，预计会大幅提升运行效率。

Fabric 是 Hyperledger 联盟的一个开源项目，是一个基于模块化架构的分布式账本平台。起初，Fabric 是由 IBM 牵头发起的一个开源的联盟链项目，之后贡献给了 Hyperledger。Fabric 是首个面向企业应用的开源区块链平台，旨在使用区块链技术帮助新创业公司、政府和企业联盟之间降低工作协作成本，提高工作效率，推动区块链跨行业应用。Fabric 创新性地加入了权限管理机制，具有可插拔和可扩展的特性，与以太坊的不同之处在于，它不是面向公众的，而是服务于公司、企业、组织等联盟团体。

Corda 是由总部位于纽约的区块链创业公司 R3CEV，在 2015 年推出的一款分布式账本平台，主要用来记录、管理和同步传统金融机构间的金融合约，因此其设计采用了更适用于银行业应用场景的思路。Corda 中的节点并不像比特币那样保存账本的完整副本，这就意味着 Corda 比比特币拥有更好的隐私，Corda 网络交易验证和确认的核心机制是公证人，公证人机制在保证共识有效的前提下，避免了交易信息的全网广播。相对于比特币系统，Corda 有较大的写入和查询效率性能提高，且在设计过程中充分考虑了银行业应用场景，能够更好地支持金融业务。

Libra 是由社交巨头 Facebook 于 2019 年发布的加密货币项目（已更名为 Diem）。Diem 区块链是具有开源基础架构的可编程分布式账本，以实现“为数十亿人”提供普惠金融为使命。由于 Facebook 在全球拥有庞大的用户群体，如果 Diem 能够上线落地，其影响力不容小觑。

区块链技术名词真正出现可追溯到 2015 年左右，与国外相比较，区块链技术在中国真正开始走向各行业应用的时间较短，但在技术研发和场景应用方面始终保持高速发展，并涌现出了一批优秀的企业级联盟区块链技术和服务平台，如趣链区块链平台、蚂蚁区块链、腾讯可信区块链、FISCO BCOS、京东区块链 JD Chain、华为 BCS 等。

趣链区块链平台是杭州趣链科技有限公司研发的国产自主可控联盟链基础技术平台，包括国际领先的联盟区块链底层平台、自主研发的分布式数据协作网 BitXMesh 和区块链跨链技术平台 BitXHub，面向企业、政府机构和产业联盟，满足企业级应用在性能、权限、安全、隐私、可靠性、可扩展性与运维等多方面的商用需求，提供企业级的区块链网络解决方案。趣链区块链平台集成了高性能的可靠共识算法 RBFT，兼容开源社区的智能合约开发语言和执行环境，同时为满足国密标准在记账授权机制和交易数据加密等关键特性上进行了强化，并提供功能强大的可视化 Web 管理控制台，对区块链节点、账簿、交易和智能合约等进行高效管理。该平台致力于打造国产商用化区块链底层基础设施，为数字资产清算、数据可信存证、去中介交易等应用提供优质的技术支撑和便捷可靠的一体化解决方案，服务金融、工业互联网、医疗、政务、能源、民生等领域。

蚂蚁区块链是蚂蚁集团旗下的区块链产品，由蚂蚁技术实验室自主研发，致力于解决金融、零售、生活等多场景的区块链应用。蚂蚁区块链服务平台在共识机制、可验证存储、高并发交易处理、隐私保护、跨链交互、安全多方计算等领域都实现了突破。蚂蚁区块链拥有蚂蚁链、双链通、区块链即服务（Blockchain as a Service，BaaS）平台、溯源平台、安全多方计算等产品，涉及供应链金融、产品溯源、跨境支付、电子票据、公益慈善等场景。

腾讯可信区块链（TrustSQL）可以提供企业级区块链基础设施和行业内解决方案，其区块链云服务具有安全、可靠、灵活的特点。腾讯可信区块链底层平台通过 SQL 和 API 接口为上层应用场景提供区块链的基础服务功能，再在此平台上构架共享账本、鉴证服务、数字资产等多个领域的可扩展区块链应用基础，帮助企业搭建区块链应用场景，快速实现区块链应用。腾讯可信区块链具有高性能、高安全性等特点，旨在为企业用户提供高可用性、可扩展的区块链应用基础平台。

FISCO BCOS 平台是应用于金融行业的完全开源、安全可控的区块链底层平台，由金融区块链合作联盟（深圳）开源工作组搭建。该平台参考了多个金融业务实践场景，在 BCOS 开源平台的基础上完成模块和功能的深度定制。FISCO BCOS 最初源自以太坊 C++版本，在可扩展性、性能、易用性等方面进行了修改。由于 FISCO BCOS 服务国内用户，因此还特别支持国家密码局认定的商用密码，实现了国密加解密、签名、验签、哈希算法、国密 SSL 通信协议。FISCO BCOS 平台是国内影响力较大的自主研发的区块链开源技术平台，该平台已在政务、版权、智慧城市、司法、金融、供应链、社会治理等诸多领域落地相关应用。

京东区块链 JD Chain 致力于为企业业务提供高效、灵活和安全的解决方案，为企业应用提供区块链基础设施。JD Chain 按照其功能层次可以分为网关服务、共识服务、数据账本和工具包四个部分，同时其在数据账本、共识协议、密码算法、存储等方面引入新的工程架构，解决处理性能、伸缩性、扩展性、安全性等基础和关键的技术问题。JD Chain 具有高性能、积木化定制、强安全和隐私保护、有效数据治理、多链协同、低成本易维护和跨云组网等特点，方便用户进行应用生态构建和业务场景应用。JD Chain 现已应用于供应链、金融、政务及公共服务等领域。

2018 年，华为推出企业级区块链云服务产品——华为云区块链服务（BCS）。华为云区块链服务通过开放易用、灵活高效的通用型基础技术，聚焦区块链云技术平台建设，帮助企业在其搭建的华为云区块链上快速、高效地搭建企业级区块链行业方案和应用，推动应用场景快速落地。

3.2.5　区块链与新兴技术融合

随着区块链技术的发展及应用场景的不断扩展，区块链作为一项新型的信息技术需要与其他技术融合，尤其与大数据、人工智能、物联网、云计算等技术具有良好的应用结合潜力。具体而言，区块链技术与大数据融合，可以发挥防篡改、可追溯、防泄露的技术特点，为数据确权、隐私保护、要素流转提供技术支撑。区块链结合人工智能，在数据可信、合约可信、算法可信等方面提供信任保障，有助于构建分布式人工智能应用。区块链联合物联网，可以在终端数据采集、隐私安全保护与降低运营管理成本等方面提供有力支撑，便于构建可信的终端数据采集环境，解决物联网大规模管理和运营协同等方面的痛点问题。在云计算领域应用区块链技术，可以天然地为数据安全存储与保护提供增强解决方案，通过 BaaS 方式实现两者的有机融合，为降低区块链的使用成本，提升区块链的使用效率提供了最佳实践。

3.2.5.1 区块链与大数据

区块链与大数据技术结合，能够发挥区块链在数据确权、数据安全、数据共享等方面的价值。

1. 有效实现数据权属确定

按照目前各大互联网平台的数据收集方式，数据生产者无法得知数据的用途，对由自己产生的数据也没有相应的控制权。区块链技术通过对数据进行唯一来源标识和完整的流转轨迹记录，使数据传播公开透明、无法随意篡改并可追溯，基于这个基础能力，可以轻松实现数据的归属权即相关权益的分配。

2. 链上数据配合加密技术，大幅提高数据的安全性

基于链上数据不可篡改的特点，采用成熟的非对称加密技术能够保证数据的传输安全，采用数字签名技术可以实现数据归属唯一不可抵赖。将区块链技术和加密技术完美结合，有效保证了区块链系统中的数据安全性。

3. 打破数据孤岛，建立数据信任与合作

大数据技术是建立在多方的海量数据基础之上的，然而现实中数据垄断和数据孤岛阻碍了数据的共享、获取。各类平台型商业公司，尤其是拥有庞大应用生态优势的互联网企业，通过商业活动中的马太效应实现流量聚集，从而控制海量用户数据，形成“数据霸权”，无形中提高了数据共享的难度；数据被阻隔在每个“收集者”手中，被不同的平台所拥有和掌握，但是每个“收集者”的数据也都不完整。出于自身利益，这些收集主体通常不愿共享数据，加剧了数据孤岛问题。区块链可以使来自多方的数据存储在同一个不依赖中央存储设施的系统中，通过使用加密技术的验证机制，数据的拥有者可以决定数据共享的内容和对象。

3.2.5.2　区块链与人工智能

区块链有助于提升人工智能获取更全面可信数据的能力。人工智能的核心是“数据+算法+算力”。数据的丰富性、可信性直接决定人工智能决策是否科学、准确。区块链技术因为具有数据可信化的技术特征，一方面，区块链的分布式可信协同能力扩大了数据共享的范围，能够为人工智能算法提供更全面的数据；另一方面，区块链多方共识后的数据上链存储、不可篡改、可追溯大幅增强了数据可信程度，为追溯机器学习的决策过程、决策路径和数据血缘提供了可信支撑，保证了人工智能算法计算结果的可信度。

人工智能与智能合约具有应用结合的潜力。智能合约作为一种基于区块链之上的自动化处理程序，将向越来越智能化的方向发展。智能合约的安全性手段也在不断发展和完善之中，基于人工智能编写智能合约也是一种降低人为错误的有益尝试，同时区块链中的智能合约实际上也是算法，将人工智能植入其中，有助于提升智能合约的智能化水平。

区块链可以提升人工智能算法的安全性。将人工智能引擎训练模型运行和训练结果与区块链相结合，记录人工智能运算关键数据节点，可以提升人工智能运算过程的透明度，同时将运算结果存放在区块链上，就能够确保人工智能训练模型不被篡改，降低人工智能应用遭受攻击的风险，提高人工智能运算结果的可信度。

3.2.5.3　区块链与物联网

区块链技术与物联网相结合，可在多方之间创建可信安全的共享数据集，去中心化的自治与协同能够提高效率，降低成本。区块链技术可以与物联网进行融合和优势互补，具体包括以下三个方面。

1. 助力构建“云-边-端”协同一体化体系

随着 5G 技术的发展和应用，物联网设备可通过 5G 网络快速地连接和互通，实现“云-边-端”的协同计算和部署。过去，受制于智能终端的分散性和动态性，传统的中心化指挥系统难以胜任海量的计算和处理任务。同时，由于智能终端的归属不同及机器间的信任机制缺乏，阻碍了安全计算和数据可信共享的实现。因此，基于区块链技术构建点对点的多方对等的信任机制，运用分布式存储和处理数据的边缘计算方式，能有效实现终端设备信息、程序执行及交易信息被安全地存储在分布式账本中，并结合智能合约技术自动执行可信程序，形成安全的多方互联信任环境。

2. 有助于提升物联网的数据安全，实现隐私保护

物联网设备通过感知能力采集物理世界的参数，实现物理世界的数字化。作为源端数据采集点，物联网设备本身非常注重数据安全和隐私保护。通过区块链技术的共识算法和分布式冗余存储方式，利用加密算法、数字签名等技术保证数据存储的安全性、源头可溯性、不可篡改性，从而解决当前物联网管理系统中存在的数据完整性差、隐私性差、数据不可追溯及审计困难等问题。

3. 促进运营维护向低成本、高效率转变

物联网设备数量将呈几何级数增长，中心化的控制系统难以维护和管理巨量的物联网设备。区块链提供的分布式自治能力可以很好地应用于海量物联网设备的互联互通与管理，这样既有利于物联网规模扩展，又有利于进行分布式自治、协同，可以从整体上提升物联网系统的管理效率和稳定性。

3.2.5.4　区块链与云计算

区块链与云计算具有很高的结合度，可以互相发挥技术特性，促进融合发展，具体可以在如下两个方面进行融合赋能。

1. 区块链加强云上数据安全

云计算通过互联网按需提供 IT 资源，用户无须拥有或维护物理数据中心及服务器，可以根据需要从云提供商处购买服务。云计算具有敏捷、弹性、低

成本和快速部署等优势。但是云计算依然面临着“可信、可靠、可控制”三大难点，即用户对云计算模式的信任问题、云计算应用的可靠性及云计算系统本身的安全性问题。区块链分布式冗余、数据不可篡改的特性，使其具有解决云计算根本问题的潜力。从安全性来看，区块链保证每个数据区块不被篡改，并且记载所有的交易记录，保证数据传输及访问安全。从存储来看，区块链采用相互链接的数据块存储数据，且实现了数据冗余存储，使数据不会被随意更改。

2. 云计算降低区块链使用门槛

区块链是一套底层服务基础设施。通常，其部署和使用成本较高，这不利于满足一些中小企业或者只是需要区块链服务的企业需求。为了解决这一问题，区块链与云计算相结合，形成了 BaaS 模式，用户不需要搭建区块链系统平台即可以享受到区块链服务。BaaS 利用云服务基础设施的部署和管理优势，为开发者提供便捷、高性能的区块链配套服务，支持相应的业务拓展及运营。

3.3　区块链的优势与不足

区块链技术诞生十多年来，发展迅速，有其独特的优势。

优势一：基于数据难篡改和分布式共识的数字信任模式。因为区块链系统一改传统数据库中心化存储和管理数据的模式，应用点对点网络构建分布式数据网络，使得数据在每个区块链节点上都有备份，实现了充分的数据冗余；或者将原始数据的哈希值存储在链上，实现数据真实性验证，间接地实现数据难篡改；另外，采用了基于时间戳和密码技术的块链式数据存储结构，使得数据区块前后逻辑相连，形成一个整体，某个区块中的数据一旦被篡改必将导致整个链条断链，从而防止数据被篡改。

优势二：系统可用性强。区块链系统是分布式网络系统，在区块链系统中的每个节点都是对等的，通常在数据层面和操作系统层面也是完全一致的，都可以提供服务。因此，如果区块链系统被攻击，或者某个节点恶意破坏本系统，只要有节点在运行就可以保证整个系统的可用性。

优势三：智能合约提升业务自动化协同水平。智能合约与区块链结合，可以充分发挥出其透明可信、自动强制执行的特点，使得基于信用的业务可以安全地通过计算机程序来完成，这为金融、司法、知识产权等诸多领域的业务自动化协同提供了突破性手段，能够支持数字经济全面发展。

区块链系统的不足之处包括以下三个方面。

不足之一：可扩展性亟待提高。在区块链系统中，应用程序需要在大多数节点上运行并获得认可。通常，区块链系统的扩展性受制于“不可能三角”，即去中心化、可扩展性和安全性三者相互制约，一个区块链平台需要在三者之间取得平衡。同时，通过共识机制来保证在多节点执行相同业务逻辑的机制，使得区块链系统性能难以大幅提升，相比于传统的中心化系统如淘宝、VISA等每秒几十万笔的交易处理能力，差距巨大。而且，区块链系统不能通过增加节点来扩展系统性能，甚至反而会降低系统性能。随着区块链应用逐步落地，区块链系统需要处理好链上与链下的数据存储、访问的安全和性能问题。

不足之二：隐私保护亟待加强。通常，对于一个成熟的公有链而言，区块链上的数据都是公开透明、可追溯和不可篡改的。用户个人信息与区块链账户之间没有对应关系，做到了一定程度的匿名，保护了用户隐私。对于联盟链而言，联盟外用户是无法获取其链上数据的，但联盟节点之间数据共享也需要隐私保护技术。目前，可行的技术主要有同态加密、零知识证明等，不过，这两种技术在性能方面还不能满足实际应用需求。

不足之三：跨链互通技术亟待突破。随着基于各种区块链底层技术建设的区块链系统应用落地逐渐增多，区块链系统自身不能成为数据孤岛，一方面与区块链联通数据的目标相违背；另一方面也势必会出现区块链系统之间的数据交互场景。因此，跨链技术将是未来区块链发展的重要研究方向之一。当前，跨链技术主要包括公证人机制（Notary Schemes）、侧链/中继（Sidechains/Relays）、哈希锁定（Hash-locking）、分布式私钥控制（Distributed Private Key Control），这些技术都来源于公有链上的资产/通证的跨链转移场景，对于联盟链之间的数据资产跨链交互有着重要的指导价值，但距离实际应用还有一定距离，需要加大研究投入。

第4章

区块链与社会治理

4.1 区块链与社会治理天然契合

区块链作为一项多技术融合的创新型技术，具有无须借助可信第三方建立信任机制的能力，也就是常说的去信任（Trustless），这是大数据、云计算、人工智能等其他信息技术所不具备的特征。对于社会治理创新而言，多中心化、去信任的特性是非常重要的。基于分布式共识的多中心化摒弃了传统信息系统的中心化模式，摆脱了对第三方机构的依赖，实现了点对点的高效信息共享和多方对等协同。这种优势特征为数字化社会治理提供了新思路、新途径，推动了社会管理、公共服务、社会保障及组织协同等方面的治理创新，对于实现国家治理体系和治理能力现代化至关重要，因此区块链与社会治理有着天然的契合度。

从治理理念层面来看，从“管理”到“治理”，体现了党和政府对社会运行机制和社会管理理论与实践的发展与创新达到了新的高度。分布式多中心化治理作为一种新型社会治理理念，强调在相互信任的基础上，多元主体间的多角度的合作。从传统模式转向政府、企业、社会组织和公众多元参与共治，体现出政府治理理念的发展和创新，恰恰在这个层面，社会治理与区块链多方协同的特点不谋而合。区块链技术就是在多参与节点之间构建起一个多中心化的、点对点的分布式协作平台，在这个平台上，政府与企业、社会组织和公众在信息对称的基础上建立起一种平等的交互协同关系，调动各方参与的积极性，构建全民共建共享的社会治理格局。

从数据需求层面来看，在数字时代，数据犹如石油，是重要的生产要素，也是社会治理领域最主要的战略资源之一。众所周知，政府掌握着全社会绝大部分的数据资源，但这些数据绝大部分都散落在各个部门之中，由于各政府部门的职能权限不同、数据统计的角度不同等，导致各个部门的数据存在不一致性，难以对其进行有效的整合，使大量数据的价值得不到挖掘和利用。然而，随着信息化和数字化的不断深入，客观上政府对数据整合及利用提出了更高的要求。《2018 年国务院政府工作报告》中提出要“进一步深化‘互联网+政务服务’”，明确了我国数字政府的建设路径。区块链技术在打破数据壁垒，联通“数据孤岛”方面具有数据隐私保护、数据可用不可见和数据权属可明确的独特优势，具有与社会治理相契合的应用潜力。

从数据安全层面来看，区块链采用一套成熟的密码学技术、共识算法和块链式数据管理模式，创造了一套全新的数据安全保障机制。区块链上的数据通过统一格式要求后，经过点对点传输，并由各个节点共识认可后存储在链上，每个区块数据对于每个节点都是相同的，任何节点都无法修改、删除或否认链上数据。显然，这会大大提高链上数据的可信度。因此，将区块链技术应用到社会治理，能够解决数据在政府各部门之间及社会主体之间的数据信息可信、共享、可追溯等问题，以更好地应对数字化社会治理面临的种种挑战。

4.2　区块链推动社会治理创新

用区块链技术促进社会治理变革，完善社会运行机制是对社会治理手段的优化、升级和丰富。国内有众多学者在社会治理创新及区块链应用创新方面进行了深入的探讨，其中像北京大学燕继荣的《中国社会治理的理论探索与实践创新》，东北大学曹海军的《区块链技术驱动社会治理创新、价值审视、可能挑战与路径展望》，北京交通大学张楠的《区块链慈善的创新模式分析——功能、组织结构与影响因素》等介绍分析了区块链技术应用对政府组织架构、社会治理架构的影响和改变，主要可归纳为如下四个方面。

1. 政府组织架构从“钟”型到“碟”型演变发展

当前主流的政府管理组织架构以“钟”型的立体式和条块式为主，这也是经过长期的社会发展过程演变出的相对最优的组织管理架构。这种架构有利于组织效率的提升，但同时组织、部门之间的横向协作相对较少。我们也看到层级制的、自上而下的“钟”型组织结构暴露出其非人性化的弊端，科层制、“烟囱式”的组织管理架构带来信息交互与处理滞后的问题，这给政府主导的社会治理成效带来了极大挑战。因此，在推进社会治理创新过程中，需要借助区块链等信息技术促进政府组织结构优化。首先，区块链具有开放性、自治性、分布式特性，强化开放、合作、共享等价值理念，可以打破封闭式、等级制、控制式的权威价值，打通政府各部门之间的信息壁垒，进一步推动跨层级、跨部门间的协同合作，推动政府组织结构的迭代升级。其次，区块链应用成熟的密码学技术、块链式数据存储方法，保证了链上数据不可篡改、可追溯，这使得治理中的各个主体在不需要第三方机构背书的前提下实现数据的快速安全交换，无关的其他主体也将无法读取相关数据，这为各部门间的跨组织边界协同提供了技术支撑。最后，点对点技术和共识机制能够促进多主体平等对话，形成治理共识，从而调动各主体的积极性，推动政府组织架构向扁平化、敏捷型发展，最终解决纵向、横向部门之间信息传递效率低下和失真问题。因此，区块链能够推动和优化政府及参与主体的组织结构，促进“钟”型层级制组织结构向“碟”型扁平化组织结构转变。

2. 社会治理模式由“中心化”向“多中心化、泛中心化”演变发展

随着社会发展和执政理念的演进，当前中国要实现社会治理模式的创新和治理效果的最优，离不开“多元共治”，即形成政府、市场、社会三个领域中各主体协同治理的工作机制，发挥不同主体在各自擅长领域里的最大化作用。在不同的社会治理场景中，政府不再是事事包办、统抓统管，而是可以承担不同的治理角色，由“政府管理导向”转变为“政府服务导向”，将过去的治理对

象转变为既为治理主体，也是治理对象。应用区块链技术可以助力政府在社会治理体系中的作用多样化，充分发挥政府的信息资源优势，主动“让渡”出一部分权力给其他参与治理的主体，为多元主体参与社会治理和协商决策留出空间，形成各主体之间信息的点对点互通，消除信息的不对称性，使得社会治理各方获得平等参与治理的机会，形成一个多中心化的社会治理模式。

3. 社会信用机制由“中介担保”向“算法背书”模式转变

随着互联网的发展，以往依赖“血缘”或“地缘”关系建立的信用模式面临重大挑战，尤其是进入数字化时代，基于数据的信任需求对由政府、司法、银行等可信第三方机构构建的信任模式提出了新的要求。而区块链技术则推动了“系统信用”模式的产生，区块链技术通过数据不可篡改、可追溯的特性和智能合约技术改变了只能由政府、司法、银行等第三方机构进行信用担保的局面，将重塑社会信用模式。一方面，区块链技术能够安全、可信地保存交易数据，并将其作为数据交互双方的信用基础，同时，交易主体可以在办理业务时通过区块链上的数据“自证”，而不需要再往返于各个部门机构之间收集证明资料或者再借助可信第三方进行信用背书。另一方面，区块链技术能够保证交易记录不被伪造或篡改，保证数据真实可信。而智能合约的出现与应用将大大加快“代码即法律”这一愿景的实现进程，无须人工干预或法律仲裁就可以自动触发程序完成交易，为提高交易效率、填补人为操作漏洞、重塑社会信任关系提供了全新的方式。区块链技术为构建社会主义信用体系提供了全新路径，在解决社会信用机制方面具有巨大潜力。

4. 组织协同由“高成本”向“高效率”转变

从上至下、单维度的治理方式常会造成组织内部的博弈失效、权力膨胀等问题，容易导致部门间沟通存碍或协作低效，进而导致社会治理成本高、效率低。而区块链技术对决策和交易规则的颠覆性改变，将深刻地影响组织和个体行为。通过对互相合作的个体、交流媒介和共同准则施加影响，区块链技术将有助于实现自组织的权力适度分散化，并通过分布式共识和透明公开的激励规则，提升组织间的协同效率，实现社会治理提质增效。首先，区块链技术是信息技术的延伸，擅长解决同一个业务涉及多方的信息流转、共享场景，可以有效提升业务流处理效率。其次，区块链公开透明的激励机制可以用来改善治理系统的运转效率。区块链技术由于具备多中心化的特征，每个节点即治理主体做出的贡献数据都能被客观地记录下来，因此，在复杂的社会治理过程中，可以根据每个主体的链上数据应用智能合约进行自动计算并激励来保证公平、公正。最后，应用智能合约技术，针对不同的社会治理场景，逐步探索可以减少人工参与的自动化业务环节，实现治理自动化，提升治理事务的处理效率及公正性。因此，区块链在社会治理中能够提升组织间的业务协同效率。

区块链具有“去信任”“开放性”“多中心化”等特征，将其充分应用在网络化、数字化建设中，可以进一步增加公众、企业、机构与政府等多主体之间基于数据的信任度，促进各个主体积极参与到社会治理当中，促进政府职能转变，深化简政放权，构建高效、便捷的社会综合治理模式。

4.3　区块链助力社会治理现代化

随着 5G 和大数据、云计算、物联网、人工智能技术等新型信息技术的广泛应用，社会数字化程度逐渐加深，人与人的连接已经逐步拓展到人与物、物与物的连接，在万物互联时代，数据将是整个社会发展的重要生产要素，是社会治理现代化的基础资源。区块链在社会治理领域有着巨大价值，尤其是在提升数据基础服务能力层面有着独特的优势，因此，充分应用区块链技术将有力地推动我国社会治理智能化和精细化，并且提升社会治理的法治化水平。

首先，区块链有助于提升社会治理的智能化水平。随着数字社会向纵深发展，我国社会治理数字化转型已是必然趋势，社会治理能力和水平的高低主要取决于两个因素：一是社会治理领域的数据获取能力和范围；二是基于大数据技术的分析和应用能力。区块链构建的点对点的分布式网络具有良好的数据接入能力和数据协同能力，能够打破各种数据孤岛，为社会治理的方方面面提供丰富的数据“燃料”，与大数据技术有机融合，为社会治理决策提供及时、有价值的数据支撑，并提升社会治理的智能化水平。

其次，区块链技术能够提升社会治理的精细化水平。现代社会数字化的生活中孕育出大量的数据，社会治理需要从这些数据中挖掘出潜在的社会问题。区块链的分布式融合能力可以有效融合社会各方面的基础数据，建立强大的数据层，进而通过大数据进行挖掘分析，找到事件之间的关联性，从而提升监测的实时性、准确性，并为快速应对提供有效的数据支撑。

最后，区块链助力提升社会治理法治化水平。例如，运用区块链电子存证，解决电子数据难以取证、存证、认证、示证等问题；利用区块链分布式数据共享协同能力，实现公检法司的业务一体化协同，提升司法数字化水平和效率；将区块链技术与执法工作流程相结合，裁判文书通过智能合约实现，后台可自动完成相关程序并上传执行系统，提升执法效率。

第三篇　创新与场景篇

区块链与社会治理创新场景

第5章

区块链在社会治理中的应用场景

5.1 数字化治理基础

我国社会治理体系建设强调政府主导、多元主体积极参与的模式，多元主体需要基于信息更好地实现点对点的数据交互和业务协同，其内在要求与区块链技术的分布式对等网络、数据安全可信共享的特点一致，整个社会治理体系中的参与主体既是治理实施方，又是被治理方，因此在基于区块链的社会治理系统中，每个主体都需要拥有一个唯一的数字身份，基于非对称加密技术在区块链系统平台上生成的数字身份具有安全、可信特征，是各个主体在社会治理活动中的所有数据的提供方，也是各个参与主体在数字世界中的唯一身份。

政府是社会治理的主导方、重要参与者，在社会治理现代化建设中离不开数字政府的建设。众所周知，数据是保障数字政府运行的基础资源。然而，从宏观上看，政务数据广泛分布在政府各部门和单位中，数据共享难度大，阻碍了政务服务效率的提升。于是，以建设大数据中心实现数据集中化就成为我国数字政府建设的重要工作之一，该模式在方便群众办事、提高政务服务效率等方面取得了显著成效，体现了互联网+政务的优势。但是，这种集中化、中心化的数据管理使用模式仍然存在不足，特别是在跨区域、跨部门、跨层级协作方面缺乏数据可信共享的支撑能力。同时，政府各个部门也不会轻易地将自己的数据通过软件平台共享出去，因此以大数据中心实现数据共享的模式在实际应用中的缺点也逐步显现。随着区块链技术的快速发展，它作为一种多中心化、分布式数据管理的去信任新型技术模式，可以实现数据“可用不可见”的安全应用，将成为建设数据可信共享基础设施的关键技术，并将在数据治理中发挥重要作用。

5.1.1　分布式数字身份

5.1.1.1　现状与痛点

随着 5G、物联网等技术的发展，未来现实世界中的组织、个人和各种物理设备都会映射到数字世界，实现“万物互联”。数字身份是物理世界的真实身份信息在数字世界中的映射，是连接物理世界和数字世界的桥梁。因此，保证数字身份的真实、可信、安全、唯一和权属可控是关键。当前，公民身份的数字化已经成为数字政府建设中的重要组成部分。应用区块链技术，可以使每个个体、组织都具有唯一的、永久的、不可篡改的分布式可信数字身份，有效地减少社会资源的浪费，大幅降低公民身份的认证成本，提升个体在数字世界的畅通性。

当前，发展分布式数字身份还有诸多困难。首先，中心化数字身份跨行业、跨部门能力弱。通常，不同行业、不同部门都有各自的用户身份管理系统，各个数字身份之间难以互通、互认，即使互通，相互认证的流程也较为复杂，导致认证成本较高，一个用户在不同应用上重复注册多个数字身份，既降低用户体验，又浪费数据存储资源。

其次，用户身份数据的隐私保护问题凸显。当前数字身份信息散落在各个身份认证系统中，身份数据都由各应用系统独自管理维护，于是有些服务方在未获得用户授权的情况下泄露用户数据，严重者甚至倒卖用户信息，严重侵犯用户隐私。

最后，用户身份数据的安全问题也逐渐严重。由于用户的身份数据存储在各个应用的中心化服务器中，存在服务器被攻击、用户隐私泄露等风险。

5.1.1.2 解决思路

当前主流的身份管理方式是构建公钥基础设施（Public Key Infrastructure，PKI），也就是由权威的数字证书认证机构（Certification Authority，CA）签发数字证书，通常 CA 都是政府或事业单位等可信的机构。一般的 CA 系统以树状结构为主，根 CA 通常由政府机构来充当，它在当期的网络应用中发挥了巨大的作用。但是，随着 CA 认证中心体系的发展壮大，中心化 CA 的性能问题逐渐显现，由于其负责数字证书的所有操作，任务繁重，可能成为认证服务系统性能的短板。另外，这种中心化结构容易成为被攻击目标，一旦出现宕机或者数据泄露，与之关联的 CA 均会受到影响。当然，CA 也有由民间团体负责的，个别的 CA 可能因某些特殊原因难以及时履责，使其信用无法保证，会影响整个系统的服务效率，存在信息安全风险。因此，可以探索运用区块链技术改善以往集中式 CA 认证体系架构，实现分布式数字证书管理，提升认证体系的健壮性。

基于区块链的分布式数字身份认证系统具有广泛的可靠性，能够建立其所代表的人的信任关系并支持其行使权利，可以提供对多种服务和交互的通用性访问。数字身份就像用户的数字孪生，是用户在数字世界中的唯一标识，它使用户对自己的数据如何被使用有知情权、决定权，即共享哪些数据，或者与谁交易哪些数据，以及使用持续时长等都通过数字身份进行授权和管理。分布式数字身份对于广大偏远地区、贫穷地区的人们具有更大价值。由于可以降低权威第三方身份机构带来的线下颁发、核实和定期维护等成本，大幅降低普通民众获取数字身份的门槛，由此可以为他们提供更加便捷、廉价的社会服务，而且方便他们参与到社会治理的事务中来。

我国数字化社会治理已悄然而至，大数据、物联网、云计算等技术在这个领域的应用广度和深度也在逐渐加大，分布式数字身份是数字化社会治理的基础，可以从根本上解决过去政务系统存在“证明我妈是我妈”等个别负面案例的困扰，为整个社会治理体系现代化和智能化建设助力。

5.1.1.3　案例介绍

在全球范围内，基于区块链的分布式数字身份应用已有多个探索型案例。

在国内，由我国公安部第三研究所提出的 eID 数字身份链，是以公民数字身份为基础的数字基础设施。eID 数字身份链支持社会各类机构、企业等主体在 eID 数字身份链上开发新型应用，涵盖政务、金融、司法、物流、医疗、交通等各个领域。2020 年 3 月，深圳市信息服务业区块链协会发放基于 eID 数字身份链的“区块链咨询师”（初级）证书。证书获得者可以用手机号查询并且永久保存对应的电子证书，同时，支持 eID 的手机可以通过电子签证进行证书核验。

在国外，数字身份应用也有代表性的项目。由于全球还有十几亿的贫困人口没有属于自己的合法身份，可以应用区块链分布式网络构建的低成本信任机制来解决相应问题，因此 ID2020 联盟应运而生。ID2020 联盟是由众多企业、非营利机构、政府等组成的，致力于提供广泛的数字身份解决方案，并取得了一些基于区块链的数字身份的实践成果。例如，2018 年，ID2020 联盟成员 iRespond 与国际救援委员会合作，为大约 35000 名泰国湄拉难民营居民提供安全的加密数字身份。当居民加入该联盟的计划时，通过扫描虹膜并将虹膜图像转换为唯一的 12 位数字标识符形成唯一的数字身份。因此，该数字身份能够完全代表居民身份信息，帮助居民认证身份，获得医疗服务。如果居民希望向其他医生分享他的医疗数据，可以让医生扫描他的虹膜得到对应的唯一标识号，再访问区块链上该号码对应的数据信息。

5.1.2　政务数据协同共享

5.1.2.1　现状与痛点

作为“数字政府”建设的重要任务，实现政务数据的协同共享、互联互通成为各省在推动政务数据治理工作上的重要着力点。由于历史的原因，欧美国家在政府数据开放方面较早地开展了相关探索。2005 年，英国明确政府部门和其他公共机构均有义务主动发布可重复使用数据集；2019 年，欧盟重点强调公共数据资源的重用；同年，美国政府明确规定了政府数据开放范围、审查管理和报告评估等标准。

数据是有温度的，也是有生命周期的。随着我国政府信息化建设不断深入，政务数据产生速度加快，数据量呈爆发式增长。同时，数据产生的频率加快，数据“老化”速度也在加快。政府的信息传播方式越来越多，传播范围也更广泛，但是传统管理模式和信息化建设初期各自为政，导致各部门、各系统的数据格式不一，数据质量参差不齐，加剧了部门之间的数据孤岛问题。然而，企业和公众等对政府数据资源的需求却在不断增长，这与政府数据共享不充分、不平衡之间的现实矛盾越发突出。

近年来，党中央、国务院高度重视打破数据壁垒，通过共享清单、共享目录的形式不断推进政务数据开放，着力推进政务信息系统整合和公共信息资源开放。为响应国家政策要求、顺应时代发展趋势，我国各省市政府开启了新一轮数字政府建设的浪潮，积极探索政务数据共享与开放制度和机制。我国通过借鉴国外多年来的政府数据管理经验，并结合我国实际情况，提出了建设大数据中心的政务数据共享模式，经过多年来的发展也取得了较好的成效，但也仍然面临数据共享范围窄、共享效率低的难题。数据大集中模式也逐步显露出了推进数据共享的局限性，究其原因主要有两个：一是数据共享存在降低部门权力的风险。在当前政务数据权属还没有一个成熟的界定政策条件下，各部门缺乏主动共享数据的动力。各部门只对其上级负责，部门之间横向联系相对较少，导致部门之间不愿意共享数据。另外，由于信息共享可能带来安全隐患，很多部门之间也不敢共享数据。二是各个部门的信息系统差异大、数据格式不统一、数据质量参差不齐，增加了数据共享的技术难度和实现成本。换而言之，传统管理模式下，各个部门往往都是各自建设信息系统，重复建设在所难免，因此各部门之间系统很难互通，导致数据难于共享。

5.1.2.2 解决思路

如何通过应用技术和政策制度有效地管理政府数据资源，打破政务数据“不能、不愿、不敢”共享的难题，是数字政府建设的重要任务之一，是推动数字政府建设提质和增强治理创新的前提和基础。具体而言，一要系统、科学地制定推进数据共享的政策和标准规范，积极应用大数据、区块链等技术加快政务信息系统的整合，构建政务数据与社会数据互通平台。二要积极推进政府数据资源有序向社会开放，充分挖掘数据价值，释放数字红利。三要推动数据权益与数据保护等方面的政策和法律研究，指导与规范政府数据与社会数据的互通规则和机制。

基于区块链技术的数据共享与协同模式具有跨地域、跨部门、跨层级的数据系统融合能力，以及实现数据确权的技术特性，既可以实现多部门之间点对点的信息共享交换，又可实现分布式冗余备份，即一次共享、多次使用、信息可追溯，大大扩大了数据共享的范围，提高了效率。而且链上数据的不可篡改、可追溯使得共享的源数据自动获得各参与方的信任，基于链上数据有利于进行客观、公正的事中审计和动态监管，有助于及时发现问题、预防风险。

区块链是一个多中心化分布式系统，可以实现跨部门、跨层级、跨平台的多主体的数据共享和业务协同。任何一个节点出现宕机或被黑客攻击都很难影响整个网络的可用性，同时加密链式存储增加了数据被篡改的难度，有利于为数据共享平台增信，数据共享的范围越大，数据的利用率就越高，其挖掘的价值也就越高。反过来，基于区块链技术的可信数据安全共享应用又不断地提升了平台的信用和价值，形成一个良性的数据共享生态。

综合来看，区块链技术的数据共享模式具有可信性好、安全性高、透明性强和扩展性好四个特征优势，是截至目前最适合实现大规模数据跨域共享协同的技术。

5.1.2.3　案例介绍

近年来，基于区块链技术的政务数据共享应用探索逐步增多。例如，在我国公积金（指住房公积金，下同）领域，各地市基本都建设了公积金管理中心，但由于历史原因缺乏整体规划和行业标准，导致各地市公积金中心系统采用的技术不同，再加上行政归属不同使得系统之间难以互通。随着我国经济快速发展，人口流动加剧，跨部门、跨地域的公积金业务需求逐渐增多，然而在实际情况下由于各地市公积金中心业务系统之间及与其他政府部门之间未实现互联互通，导致个税数据与公积金数据不能实现有效对账，公积金业务也不能异地办理。更重要的是，在公积金中心与其他公积金中心或税务等系统进行数据协同时，会遇到数据责任和权利不对等的问题。如果数据共享过程中遭到篡改或伪造，将难以追溯责任，导致公积金中心在共享数据时会存在顾虑，最终降低协同效率。

我国《个人所得税法》规定，普通住房贷款利息支出作为纳税附加扣除项之一，需要公积金中心向税务总局报送住房公积金贷款利息数据。因此，为了切实维护纳税人利益，方便各地公积金中心向税务总局报送数据，实现各地公积金中心统一标准、统一接口向税务局提交公积金贷款利息支出个税抵扣数据，住建部推动建设了全国住房公积金数据平台，建立各地公积金中心与税务局之间的公积金贷款利息支出个税抵扣数据共享通道。经过综合评估，最终使用区块链技术实现全国公积金数据共享平台的搭建，实现公积金业务数据的安全共享传输，解决了公积金业务跨部门、跨地域数据协作和互通，为居民办理异地公积金贷款和个税抵扣等业务提供技术支撑。住房公积金数据共享平台架构如图 5-1 所示。

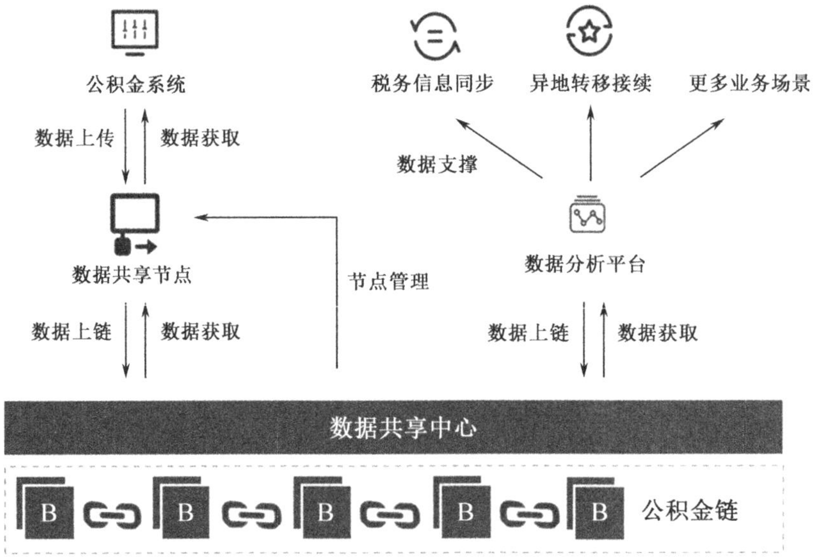

图 5-1　住房公积金数据共享平台架构

住房公积金数据共享平台主要实现以下功能：

（1）通过区块链技术，在公积金中心、住建部门、税务局之间实现数据采集、传输、存储、使用等全过程的不可篡改伪造和抵赖。

（2）应用大数据技术，将各地报送的公积金税务抵扣数据统一存储，并在部门之间建立数据共享接口。

（3）通过公积金服务平台，可实现各种公积金业务信息的查询服务。同时，利用区块链技术来保证数据安全、操作方身份合法、数据访问权限合规等。

公积金中心采集公积金相关数据，生成待上链的数据单元。同时，公积金中心分批次将多个数据单元组织成一条上链数据，通过区块链数据传输接口对上链数据进行加密和签名，并以交易的形式将数据上链，确保在数据传输的过程中各方职责明晰。然后保存区块链返回的交易回执。公积金中心将上链的交易回执保存在校验文件中，并且将校验文件传输给数据平台。数据平台调用区块链数据传输接口进行数据下载。区块链数据传输接口通过交易回执进行数据下链操作。数据平台根据该批次的数据校验文件，对上链的数据进行核对。数据核对无误后，数据平台将数据汇总并统一进行存储。截至 2020 年 10 月，该平台已覆盖全国近 500 家公积金中心，日上链超过 5000 万条数据，有效地解决了税务局与公积金中心的数据共享难题，显著提升了公积金退税核算效率。

5.2　民生治理

5.2.1　教育就业

5.2.1.1　现状与痛点

教育是民族振兴、社会进步的重要基石，是功在当代、利在千秋的系统工程，对提高人民综合素质、促进人的全面发展、增强中华民族创新创造活力、实现中华民族伟大复兴具有决定性意义。就业是最大的民生，关乎居民生计和社会安定，是社会的“稳定器”，是我国社会和经济高质量发展的内在要求。教育与就业息息相关，教育可为就业市场提供高素质的劳动者，将人口优势转化成人力资源优势。然而，随着社会经济的迅速发展、教育的普及与高等教育大众化，教育与就业的关系呈现出不确定性，教育与就业领域仍然面临如下主要问题亟待解决。

1. 人才评价标准单一

科举考试制度在我国已有1400多年的历史了，源远流长。发展到今天，从全球范围来看，考试仍然是一种优秀人才的选拔机制。20世纪70年代，我国全面恢复了高考制度，经过几十年的完善和发展，不断趋于成熟，一直是我国人才选拔、推动人才发展的重要途径。2020年，我国高考报名人数连续第三年增长，再创历史新高。据统计，2020年有1071万名考生，竞争程度激烈，有近一半的学生要么是没有机会参加高考，要么是没有通过高考，失去了接受高等教育的机会，这在很大程度上减少了学生们未来的发展机会。因此，需要推进人才评价、选拔标准多样化、科学化，逐渐改善“一考定终身”的单一的人才评价困局。

2. 教育资源版权保护难

随着我国移动互联网的迅猛发展，再加上2020年暴发的新冠肺炎疫情，线上教育呈爆发式增长，各种公开的免费教育资源遍布网络。但是，很多原创性的教育成果、产品无法得到有效的版权保护。随着未来数字化教育的发展，数字教育成果版权保护刻不容缓，以促进在线教育多样化、价值化、普及化发展。

3. 教育资源分配不均衡

由于我国区域经济发展不均衡，沿海地区的教育资源和水平普遍高于内陆和偏远地区，中心城市的教育资源最为集中，尤其是优质资源。虽然我国城市化发展速度惊人，教育改革一直在进行，但仍然客观存在教育资源不均衡问题。

4. 人才供需存在错位现象

教育与就业息息相关。我国经济建设需要大量高素质、高质量人才，教育是最可靠、最有效的手段。然而，由于市场经济的快速发展及知识的快速更迭，许多高校的专业设置和教学内容已不能适应社会的需求，人才培养方向与就业岗位之间存在“错位”现象。此外，当前就业市场主要存在中介机构与用人单位的信息不对称问题，导致人才匹配效率低，而且求职者在其中相对处于弱势地位，三方需要构建一种对等的、信息对称的信息共享机制，以提高人才就业适配度并提升就业市场效率。

5.2.1.2　解决思路

区块链作为一种能够实现多方数据可信共享协同且数据不可篡改的新型技术，有助于解决人才评价标准单一、学历核查、教育资源版权保护等问题，对教育和就业市场的健康、高效发展具有重要作用。

首先，基于分布式数字身份建立个人学习全历程档案，即个人泛教育信息档案，它可以包括个人学籍信息、学历证书、学业成绩，甚至上学的出勤率等正规教育时期的相关数据，还可以记录学生的非正式学习成果数据。例如，素质教育学习竞赛、社会实践活动等都可以在保障隐私信息的前提下上链。这些可信数据都将成为学生的能力资质证明，作为评价学生综合素质的重要依据。当进入工作岗位后，用人单位可以申请查阅学生相关数据评分，直接对其进行客观评价和决定是否录用。同时，可以应用区块链技术将学校、培训机构和用人企业链接起来，构建一个教育培训数据融通网络，在该区块链网络中的相关方贡献学生的学习数据并共同维护一个数据账本，消弭各方的信息不对称，实现了各个参与者之间的“数据平等”，如此一来形成一个全方位、可控、可信的个人教育数据集，为评判个人能力提供科学基础和依据。最终，助力解决“一考定终身”的难题。

建立个体泛教育信息档案有助于解决学历核查问题。应用区块链技术能够保证学历、学位等信息的真实可靠且安全。首先教育机构记录学生的学历、学位信息，并对其进行哈希运算得到哈希值；其次使用教育机构的私钥对其进行数字签名；最后将签名数据存储到区块链上。这样可以确保学历、学位信息的真实性和唯一性，使学历验证更加安全、高效，从而节省大量的人力、物力。

其次，由于区块链系统的分布式特性，使得其具有良好的扩展性和包容性。教育区块链系统可以与合规培训机构和教育资源进行互联互通，每个参与到教育区块链网络的主体包括学校、教师、学生，在整个网络中都拥有唯一的数字身份，通过激励与数据共享，推动线上教育资源的共享和线下教育互动。并且基于区块链的可信基础设施，推动各个教育机构学分互认，由此打造一个开放型的教育学习区块链网络。基于区块链的教育系统上的各种教育知识资源都可以通过区块链的公开透明的激励与惩罚机制，促进教师资源、课程资源的分享与互动。学习者可以付出一定的积分来获取资源进行学习。教师也不需要担心自己的教学成果被盗版抄袭。基于区块链公开透明的特点，任何教育资源一经创建就带有全局唯一标识，资源创建信息将被存储到区块链上，教育资源带有创造者的签名和“加密锁”，教育资源被使用必须获得创造者的授权，由此从源头上保护了原创教育资源的版权及其收益。

最后，教育与就业紧密关联，就业市场需要高素质、专业化的人才。两者需要统筹考虑，协调发展。个人泛教育信息档案是高校对学生专业能力评估的重要依据，能够有效促进学校和企业开展定制化的人才培养合作。通过公开透明的区块链数据网络，人才培育方和用人单位可以及时获取其教育的过程数据和结果数据，跟踪分析人才是否满足用人单位的要求。用人单位也可以及时地反馈数据到链上，帮助人才培育方综合评估培养效果。未来，除了正规的培训学校等教育机构拥有提供教育服务的资格外，还会有更多样化的民间培训机构来承担专业教育服务的职能。由于区块链的可追溯、不可篡改等特性能够保证教育全过程的数据真实可信，因此基于区块链技术可以构建信息公开、透明、高效的人才评价基础设施，有助于促进教育高质量发展，推动教育体系变革，加速教育系统发展。

5.2.1.3 案例介绍

教育领域的区块链应用仍然处于探索阶段，与国外相比，我国教育领域的区块链应用还处在起步阶段。2018 年，京津冀教育相关部门及当地企业建立了一个区块链平台，通过采集学生学习数据，应用区块链的分布式共识、不可篡改和可追溯等特点，建立学生个人成长档案，推动诚信教育和诚信社会的构建。

日本索尼公司与 IBM 共同创建的区块链技术平台，真实记录学生的学习数据，支持教师向学生提供个性化指导，让学生能更加科学地选择个性化发展方向。另外，双方一起启动了基于区块链技术的学生语言学习与能力认证管理项目。基于可信的学生学习数据，为在日本学习的外国留学生提供精准的语言技能学习支持。索尼与 IBM 通过该项目在教育领域应用区块链做出了有益探索。

5.2.2 医疗健康

5.2.2.1 现状与痛点

随着我国社会老龄化进程的加快，“健康中国”的概念也逐步提升至国家战略层面，居民养老、健康管理需求增长迅速，医疗健康产业已经成为中国最大且增长最快的产业之一。

从 2009 年左右开始，为了满足日益增长的医疗健康需求，提高医疗响应速度和服务能力与水平，我国政府陆续制定医疗改革政策，持续推进医疗改革和医疗信息化建设，使我国居民的平均健康水平和平均寿命明显增长，成绩斐然、效果显著。然而，医疗机构的信息化建设仍面临以下问题。

1. 医疗数据共享难

信息化建设一方面提高了医疗机构的效率，另一方面也使医疗机构逐渐形成一个个相对独立的“医疗数据孤岛”，而且医疗数据格式各异，客观上增加了医疗数据共享的难度。同时，出于个人隐私数据保护要求和伦理原则，各个医疗机构之间也难以对病患数据进行共享，导致病患到不同的医院需要重复检查，增加了患者的就医成本，降低了医疗效率和就医体验。此外，医疗机构与企业之间也缺少良好的数据共享通道和方式，使得海量医疗数据中蕴藏的价值难以被挖掘使用。医保经办机构与医疗机构之间的信息不对称，导致大量关键数据无法实现共享，报销费用处理流程、就诊人员的相关信息难以得到实时跟踪、审计。对于参保人员，为了享受医保，往往需要提供各种证明材料，降低了医保使用体验；对于商业保险企业，医疗机构的信息不能充分共享增大了其保险业务的工作量、风险和理赔效率，增加了商业保险成本。

此外，患者和医疗机构之间存在大量信息不对称问题，使得医患之间难以建立良好的医患关系。由于“以药养医”的情况长期存在，导致过度用药甚至开错药的现象出现，损害了病患利益，使得医患关系雪上加霜。在这种情形下，患者在就诊过程中一旦出现“摩擦”容易发生医患“信任危机”，出现“医闹”，甚至伤害医生等恶性事件。

2. 临床数据可信共享问题

现代医学的进步和发展的推动力，主要源于大量医学真实世界数据的积累和研究。当前，国内外医学真实世界研究迅猛发展，需要大量数据作为研究基础，其中大样本、多中心医学真实世界研究是目前疾病诊疗及药物开发的主要循证证据来源。搭建国际一流的医学真实世界研究公共服务平台，加强医学真实世界研究体系的建设，在后续的试点工作中吸纳更多国际先进的药械研发及生产企业，形成规模化和多样化优势，是国家未来科技发展战略的重点工作之一。然而，在大多数情况下，医学真实世界数据的记录、采集、存储等流程由于缺乏严格的质量把控，造成数据不完整、不准确等问题，会极大地影响后续的数据治理和应用，影响数据的可追溯性和研究成果的可验证性，研究者难以发现其中的问题并及时核对和修正。对每次研究所使用的原始数据范围也缺乏技术手段进行有效监管，研究过程常常会因为研究者选择性偏倚、易得性偏差甚至主动变更研究方法、选择性报告结果甚至篡改不显著结果，使得其他关注该研究成果的相关方无法确认已有研究成果的可重复性，因此很难对数据进行二次利用。综上所述，目前存在大量重复的医学研究，极大地浪费了社会资源，阻碍了国内现代医学的发展脚步。

3. 医疗数据权属不明晰

目前，我国的医疗机构以公立医院为主、民营医院为辅，总体上还是以公益性职能为主。尽管绝大多数医疗数据是由医院和患者共同产生的，其数据价值也应该由两者共享，但是要明确数据的权属，促进数据流通和价值挖掘，既需要法律支持，也需要技术支撑。在我国大数据产业发展过程中，司法机关对数据权属争议的判断也是与时俱进的，初期倾向于对大企业、机构数据权益的保护。2020 年年初，我国提出培育发展数据要素市场，促进数据流通共享，法律处置思路也有所调整。比如，用户数据权益不是谁控制谁就享有，要依法得到用户同意方可使用。随着产业的快速发展变化，我国司法机关对数据权属的界定规则也在发生变化。从总体上看，我国对于数据权属的界定还在探索之中，仍需要通过立法将经过实践考验的数据权属规则加以规范化，为数据权属争议的解决提供参考和指引。

4. 传统信息化手段难以应对激增的监管压力

国家卫生健康委员会、国家医疗保障局、国家药品监督管理局等关系民生健康的部门机构担负着重任，长期以来对行业起到了支撑、监管作用。当前，如何提升监管效能是很重要的问题。医疗系统自身涉及多个环节和不同角色，除了医疗机构，在医药供应体系中涉及的生产商、物流商、经销商、零售商与购买者等角色，其各自信息系统是相对独立的，因此，难以对药品、医疗用品进行全过程追溯，难以高效地完成监管工作。患者诊疗过程中涉及患者自述、医师初步诊断、科室的各项检查、返院复查或转院等各种数据，这些数据由于缺乏可信技术的支持，一旦出现误诊等医疗事故，在发生质疑时不能对取证和定责进行有效支撑。

5.2.2.2　解决思路

医疗健康是重要的民生问题。需要积极探索应用区块链、大数据、人工智能和 5G 等新一代信息技术，尤其要应用基于区块链的多方参与机制和基于智能合约的可信规则，提升医疗领域的治理能力，消弭医患之间的信息不对称，增强人民群众的参与度，创建和谐的医患关系，促进医疗健康行业服务水平实质性提升。面对医疗健康行业目前的问题，区块链技术凭借数据不可篡改、数据可追溯和数据“可用不可见”等优势，为连接“医疗数据孤岛”，实现数据安全共享提供了可行的解决方案。

首先，通过建立公立、民营医疗机构联盟，应用联盟区块链搭建医疗联盟内医疗机构之间的数据可信共享通道，使医生、护理人员和患者能够在相应权限内调阅医疗数据，并且所有的操作都是基于数字身份全程记录在链上。区块链使患者的需求和就诊过程在链上不可篡改、公开透明，医生的诊治行为也可以在不涉及患者隐私的情况下登记在区块链上。患者自己的病历数据可以通过区块链平台共享给其他医院，这样就省去了在多个医院进行重复检查的环节，从而获得更好的就医体验。患者也可以通过查看链上数据，获得第一手的医疗机构及人员信息，从而对其医生水平和信用有真实了解，医生与病人的不良历史信息都将被记录。这种透明可信的运作方式对医生和患者的行为提出了更高的要求，也会减少许多不必要的争端与摩擦，有利于建立坚实的医患信任基础，改善医患关系，有助于解决“医闹”问题。即通过构建一个医疗机构、医生、患者三方信息平等的医疗联盟平台，促进各方良性互动，形成自治的医疗机制。

其次，利用区块链实现电子病历可信化存储和共享，将病患的电子病历等诊疗数据分布式存储于多个授权的医疗机构，并在获得授权的节点之间共享，不仅可以确保数据安全，还可以最大限度地保障数据完整性，免受攻击或系统故障带来的损坏，大大提高数据可信度。除电子病历数据区块链化外，还可以进一步应用区块链技术建立面向公民的全人全程全维度健康档案，公民的唯一数字身份分布式存储在区块链上。公民健康档案数据分为两类：医疗机构产生的主观医疗信息数据和患者的客观真实世界数据。公民的客观真实世界数据主要分为医疗机构采集并记录的数据和公民通过各种患者自我报告系统（PROs）记录的数据，如互联网问诊系统、互联网随访系统、可穿戴设备或者小微医疗机构提供的各类健康监测仪器。患者自我报告系统会基于物联网技术进行唯一性标识的授权和数据采集，通过区块链激励和惩罚机制鼓励患者积极上报这些多维、多源的数据，并且在数据上报后使用时都需要数据所有者的授权许可。在此基础之上，在保证数据安全和个人隐私的前提下，通过数据授权、鉴权、监管、访问权限控制的可信共享，实现各机构间健康档案互联互通、数据共享，消除数据孤岛，加快医疗体系的信息化建设，提高医疗整体效率。

最后，在涉及多个机构对数据的调取和相关业务计算时，往往需要在“数据可用不可见”的前提下，进行多机构间协同计算，以支持高校医学研究或者药械企业的产品研发。目前，在世界范围内，安全多方计算技术基于几十年的前期学术研究积累，已开始大量应用于包括医学、生物领域在内的社会生产活动中，在医疗数据分析、征信互查、联合营销等各个场景中广泛应用。安全多方计算可以实现数据“可用不可见”，而结合区块链技术则可以保障在信息系统软硬件各层级的“不可见”的可信存证。因此，可在确保个人隐私信息不被泄露的前提下，使用特殊计算方法，接收算法模型后，在机构内进行数据计算，并输出计算后的结果。计算后的结果可以是类似描述性统计的结果数据，也可以是用来进行更复杂的对比、统计检验的数据，从这些数据中不能反推出原始数据，做到原始数据不出库，仅将算法模型和数据计算结果在科研“联盟机构”之间进行分享和传递。通过基于密码学和区块链的安全多方计算技术，指定通用的计算方法、统计方法，且不断扩大应用场景，从源头保护源数据库的安全和居民的隐私，从而满足医学真实世界研究对数据的大量计算需求。

要实现“区块链+医疗”充分融合应用，数据共享是基础，而数据安全与隐私保护是首先要解决的问题。各个医疗机构都拥有大量数据，在很大程度上，医疗机构的数据共享意愿决定了区块链能否在医疗行业得到充分应用。出于自身利益和安全考虑，很多医疗机构不愿意对外共享患者的诊疗数据，而且当前医疗数据共享需求还不足以推动医疗机构积极转型。因此，要使更多医疗机构接受并主动参与区块链的使用，在市场推动的同时，需要积极探索配套的政策和激励机制等措施，最终鼓励医疗机构构建一个行业基本的区块链服务体系。另外，需要重点关注的是数据共享带来的隐私问题。医疗机构共享的数据具有很高的数据敏感性，很多国家都针对数据隐私保护有特定的法规要求。目前，我国《信息安全技术　个人信息安全规范》等国家标准和《中华人民共和国个人信息保护法》的施行（2021 年 11 月 1 日起）对个人信息保护工作起到了指引和监管作用，明确将病史等个人的健康数据和 DNA 等生物特征数据归为个人敏感信息范畴。而区块链技术已经在积极研究探索与隐私计算等技术相结合的理论、应用场景，相信能够提供更完善的解决方案。

区块链具有多方共同参与治理、数据可追溯的特点，为实现医疗数据信息溯源和穿透式监管提供了有力支撑。虽然我国已出台各项医疗产品生产规范条例，然而当前的体系难以实现全面、实时的监察，一些医药企业缺乏自觉性，没有严格执行相关质量管理规范，不达标现象出现。线下交易的管控难度更大，如药品的召回等均具有一定的滞后性。如果将 RFID 等物联网技术同区块链结合起来，使用物联网自动上报相关数据，再使用智能合约自动将生产质量达标书的发放和撤回记录上链，一旦有企业不符合生产质量管理规范标准要求，区块链平台能够快速识别违规行为并采取相应的措施，如自动吊销证书、停止相关交易等。这种监管方式能取代中心化的监管方式，将低效率的人为监控转变为自动化的实时监管，健全医疗行为追溯与问责制度。

5.2.2.3 案例介绍

区块链技术可应用于医疗健康领域的多个应用场景。基于区块链技术，将医疗电子病历、电子票据有针对性地共享给商业保险公司或者医疗保险机构，提高保险理赔过程的透明度，减少投保人提供理赔材料和证明的负担，将区块链技术应用于医疗保险理赔场景中。在国内，在医疗数据共享方面，2017 年，阿里健康携手常州医联体，应用区块链技术解决长期困扰医疗机构的数据孤岛问题，以实现医疗机构间的数据共享，如图 5-2 所示。

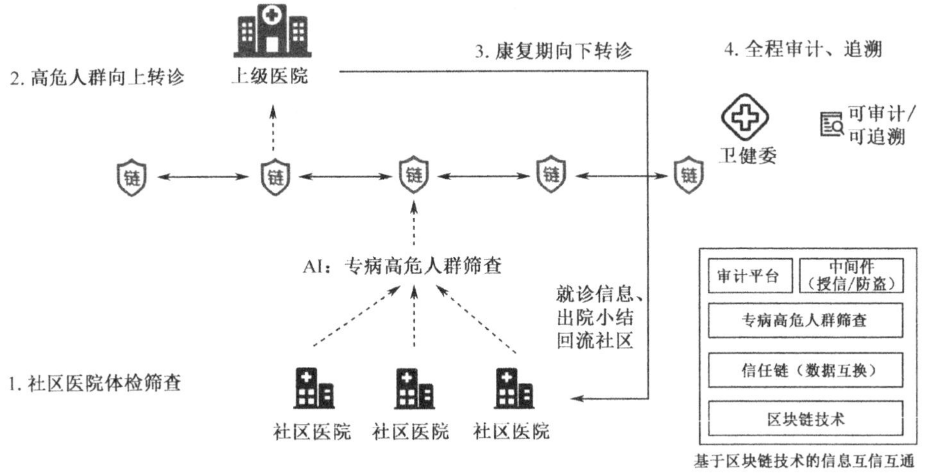

图 5-2 常州医联体区块链应用框架

2017 年 11 月，腾讯云与爱心人寿合作，为医疗机构、保险公司、卫生信息平台等建设区块链平台。2020 年年初，杭州数钮科技有限公司推出基于区块链技术的多中心医学科研协作平台 Medevid，目前已在国内多个顶级医学院校、机构之间落地实施。区块链技术结合安全多方计算，可以帮助传统数据应用系统实现真正的、可持续的成员单位间的数据互通，为科研提供大样本量数据，确保数据互通和使用过程中的全流程存证和监管；为成员单位科研提供精准量化和存证，提升医疗科研协作效率。杭州数钮科技有限公司助力打造区域性的区块链科研联盟，促进社会资本积极参与，融合技术、平台、资金和人才等产业发展要素，持续提升区域内整体药物创新和医疗器械试剂研发和产业化集群能力。

国外案例中，麻省理工学院媒体实验室建设的基于区块链的医疗系统 MedRec，尝试了区块链在电子病历领域的应用。MedRec 系统为患者和医疗机构提供一站式的入口，可以访问患者在所有医疗机构接受医疗健康服务的整个过程记录，合理分配医疗数据权益。另外，对主动提供个人数据的患者进行区块链积分奖励，同时积分可以用来支付部分治疗费用，为患者打造全面的个人病历，提升就医体验。

5.2.3　精准扶贫

5.2.3.1　现状与痛点

“精准扶贫”具有“扶贫到户”和“扶贫到人”的特点与要求，精准扶贫的方式也在不断拓展，其中最重要的环节还是扶贫资金和物资的精准发放与有效利用。传统扶贫资金管理模式采用集中式、单中心的多层管理策略，资金使用不透明、资金投放不准确的问题存在。目前，在精准扶贫领域迫切需要解决扶贫、脱贫不精准，扶贫资金管理、落实不到位，以及扶贫效果考察难等问题，具体问题如下。

1. 贫困人口识别精准度不高

精准扶贫的首要目标和本质要求是把真正贫困的、需要帮扶的人准确识别出来，并进行扶贫并且能动态跟踪。然而，在现有的扶贫工作过程中，通常采用贫困人口主动申报、多方审核、政府公示等方法。这些方法尽管能较好地支持精准扶贫工作，但贫困人口的贫困情况也不是一成不变的，有人脱贫也有人因特殊情况或特殊事件而陷于贫困状态，整体呈现一个动态的变化过程。面对贫困人口动态变化的情况，主要采取贫困人口定期识别和上报、层层报批的人工方式，这就难免会产生延后，不能快速地根据实际情况变化进行动态调整。

同时，由于扶贫数据的统计及管理环节很多都需要人工操作，这为扶贫资金有效使用带来了风险，影响了扶贫的公平性和有效性。2016 年，贵州财经大学汪克高在《贵州省精准扶贫中贫困户的识别研究》中引用中国人民大学汪三贵和郭子豪《论中国的精准扶贫》中的研究数据，在武陵山区的贵州省、重庆市、湖南省和湖北省 1000 个建档立卡贫困户的抽样结果显示，49%的农户收入高于 2300 元的贫困线。调查结果显示，在以收入为判断标准的情况下，民主评议方式容易带来“贫困户识别错误率”较高问题，这对做好精准帮扶和考评都带来了明显困扰，由此可见，精准识别贫困户是一个需要优先解决的重要问题。

2. 扶贫资金使用缺少有效监管

扶贫资金的投入与使用直接关系扶贫成效。在十三届全国人大一次会议新闻中心记者会上，时任财政部副部长胡静林就“精准扶贫”答记者提问时介绍，2017 年财政部组织对 28 个省的 874 个县的财政专项扶贫资金进行了专项检查，共查出了虚报冒领和挤占挪用的资金 7.3 亿元，对 450 人进行了问责，对其中 15 个典型案例进行了曝光。这从侧面说明了扶贫资金挪用情况还不是个例，这不仅让真正的贫困户未能享受到帮扶资金，也有可能让优质的扶贫项目未能及时获得资金支持而夭折。当前，扶贫资金的分配和管理是由政府部门自上而下统一划拨的，即从国家、省、县、镇、村逐级划拨，缺少社会各方面多元主体的参与和监督。因此，在扶贫资金使用的各个环节，曾出现冒领，甚至被挪用等问题，在一些贫困地区由于地方财政困难，财政部门甚至出现将专项扶贫资金打折发放、违章“截留”的情况。

3. 扶贫成效考核难

精准扶贫成效的考核有利于检验是否实现真扶贫。一般情况下，扶贫工作考核采取包括从领导干部到驻村扶贫干部在内的自上而下的考核方式。但是，这样的考核方式会带来两方面的问题。一是由于考核结果公开程度较低，透明度不足。脱贫成效考核结果一般通过召开大会或者公示的形式进行情况通报，缺少社会参与和监督。二是由于考核体制相对封闭，容易存在人为干扰因素。因此，从总体上看，当前的扶贫审计考核制度尚不能很好地发现扶贫过程中的问题并进行及时调整，对于精准扶贫工作的规范作用亟待加强。

5.2.3.2　解决思路

扶贫工作若要做到全程“精准”实施，可借助移动互联网技术普及优势，探索应用基于区块链实现多方共同维护“扶贫资金总账”，使得资金账户数据上链后不可篡改、可追溯，区块链统一账本、数据公开透明的特性可以充分调动、管理和监督参与扶贫资金管理的各方。基于区块链平台，将贫困群众、残障人员等潜在扶贫对象的身份数据上链，保存真实的身份信息，扶贫对象每次获得扶贫服务时都必须验证其身份，避免身份伪造或盗用。与此同时，对接民生资金的发放系统，实现民生资金发放过程中的资金流转公正、透明。应用区块链技术后，每个贫困人员都拥有一个扶贫数字账户，可以通过手机授权查询自己的每笔补助资金的流转轨迹，从而实现对扶贫资金发放和使用的全程监管。

具体而言，主要需解决三个方面的问题：首先，在区块链精准扶贫平台中，每个角色，包括贫困户、扶贫项目、扶贫资金经手人、相关监督人员或部门都拥有唯一的数字身份，这个数字身份既能与居民身份证无缝对应，同时也能保护身份隐私。对于每笔扶贫资金的变动都有对应的数字身份信息，其中既有政府部门、机构或第三方组织的数字身份，也关联个人的数字身份信息，在保护好相关人员的隐私的前提下，数字身份具有唯一性和不可抵赖性，可以解决扶贫资金冒领和资金使用轨迹不明的问题。

其次，审计或监管部门拥有较高的扶贫数据访问权限，其作为扶贫资金区块链中的节点，可以查阅相关扶贫数据，分析、审计扶贫资金划拨是否与扶贫人员、项目的贫困等级、脱贫状态等信息相一致，发现问题可以及时预警并采取措施。整个扶贫资金的流向和使用情况清晰地记录在区块链上，保证了扶贫数据的精准有效，每笔扶贫资金的流通都具有时间戳，这样可以提供有力的证据说明扶贫资金流转可信，实现扶贫资金精准监管。

还有，基于智能合约开展扶贫资金的审批与划拨，可以减少人工干预，可以杜绝资金挪用问题，保证扶贫资金的划拨公平。例如，在审批阶段，扶贫户、扶贫项目可以自行填报材料，通过区块链扶贫资金监管平台由智能合约自动评估，为扶贫资金审批、报备提供有力支持。

最后，发挥区块链平台开放、透明等特点，激励各方积极参与扶贫体系建设，监督、考核扶贫效果。一般地，扶贫考核通过由政府工作人员到扶贫所在地走访、听取汇报等方式进行。然而，人工考察考核不容易深入细致开展，使得考核效果大打折扣。主要原因一是缺少有力的监督，尤其是对于扶贫资金划拨前的全方位审核等事前监管。二是信息系统应用水平低，在扶贫资金管理中只是一个工具。三是中心化的信息系统可信性不高。探索借助区块链搭建扁平化扶贫资金监管平台，可以推动转变考核方式，将过去以人工考察、惩罚的单向方式转变为激励扶贫对象、扶贫工作者在申报、审核、划拨、使用等各个环节反馈真实数据的双向互动方式，促进链上扶贫数据更加完善。

基于全面、真实的链上扶贫资金数据，在资金划拨到位时，相关方可以及时进行事前监查；在扶贫资金使用过程中，进行扶贫项目资金的使用情况事中监测；在扶贫资金使用完毕后进行效果评估。同时，将审计部门和媒体等监督机构纳入区块链扶贫资金监管平台，各主体通过链上治理规则，配合链下实地考察，形成一个由多元主体共同参与、数据权益平等、链上链下互相促进的全方位扶贫监管体系。

5.2.3.3 案例介绍

2017 年，贵阳探索建设区块链助困项目，对 143 名群众进行资金援助和管理，其中包括低保户 102 人，临时救助户 37 户，申请医疗救助 8 人次。通过应用区块链技术，打造白云区红云社区“大数据+大民生”工程，搭建红云社区区块链助困系统，保证贫困人群身份信息的真实不可篡改及救助资金的有效使用，通过区块链平台记录受助对象的身份信息、服务信息和资金流向等，实现精准扶贫、助残，为贫困人群提供准确且高公信力的服务，成为区块链技术运用于精准扶贫的典型案例。

2016 年 10 月，中国工商银行在贵州省搭建脱贫攻坚基金区块链管理平台。通过链链融合、信息共享，金融服务链和扶贫资金审批链可以互相访问对方数据，实现投后管理功能。通过访问其扶贫资金行政审批链节点，获取扶贫资金相关信息，并与金融服务链上的资金划拨申请及资金划拨明细逐一核对钩稽，检查转账的审批流程，同时运用大数据技术对扶贫资金流向进行分析，确保扶贫资金专款专用。

随着扶贫业务管理模式从以前的“先拨付再匹配”转变为“先申报再审批”，基于区块链的扶贫资金管理平台实现了扶贫资金全流程线上申请和审批处理，银行接受付款指令便可完成资金的自动拨付，提升了扶贫资金流动效率。同时，相关监管部门可通过平台实时获取扶贫项目信息和各阶段资金使用情况，跟踪每笔扶贫资金的拨付进度，提升了扶贫资金的管理效率。基于智能合约的资金审批流程实现了扶贫资金用款申请和审批拨付的自动执行，确保公开透明、操作留痕且不可篡改。因此，发挥区块链技术优势，使得扶贫资金管理由纵向的、中心化的层次管理转变成多中心化管理，监管部门、金融机构、社会公众等都参与到扶贫项目的监督和管理中，保障扶贫资金使用安全合规，促进扶贫资金专款专用，实现扶贫资金精准投放和高效使用。

5.3　城市治理

5.3.1　智能交通

5.3.1.1　现状与痛点

当前，交通拥堵已经成为城市发展中面临的严重问题，究其原因各地情况不尽相同，但总体上主要是由于我国城市化发展迅速、城市规划不满足需求及汽车等交通工具数量不断增长等。城市交通的现状是移动客流、车流量大，尤其是朝夕时段，交通拥堵成为普遍问题。当然，城市交通拥堵问题不仅与交通基础设施有关，也受到城市其他综合因素影响，因此，需要多方施策、综合治理，才可能改善、优化交通运输系统。

智慧交通系统是一个庞大、复杂的综合系统，主要由数据采集、数据共享交换、数据处理、数据分析、信息发布等构成。交通信息系统能够在各个数据子系统之间获取数据并进行处理和分析，帮助交通管理部门及驾驶员及时做出合理决策。利用无线通信、传感器探测等物联网技术，实现人、车、路、环境等要素之间的数据共享协同，首先需要从车路协同开始。车路协同的关键是构建一个人、车、道路、设施和环境的云化物联网络，实时感知外部环境，对可信数据进行实时监测并实现智能决策，缓解交通拥堵，提高道路行车安全。

车路协同系统主要立足于动态和静态两大方向：一是行车，二是停车。行车过程中，路况信息无法及时传递到需要知晓的人或车是加剧交通拥堵的一个重要原因。例如，前方道路因突发事件发生了交通拥堵，驾驶员由于无法及时获知前方道路的拥堵情况，按照原定的路线驶入拥堵路段，进一步增加了拥堵。如何有效地将路况信息及时传递到车辆驾驶员，甚至可以主动地将拥堵信息传递给智能车辆，建议其调整行驶路线以避开拥堵，显得至关重要。其实，在城市中，交通管理部门安装的各种监控设备，再加上民用的监控设备已经慢慢地覆盖了城市区域和道路。智慧交通系统可以利用区块链技术将这些设备的数据进行可信联通，通过标准的数据规范接口，打通各个传感器、监控设备数据通路，从而获得大量的实时路面、环境感知数据，帮助交通系统精确感知道路使用态势，然后再对道路使用情况进行预测、预判，提供决策支持，实现区域交通指挥智慧化，缓解交通拥堵压力。

停车问题也是造成交通拥堵的重要原因之一。车辆数量增长速度与停车位供给矛盾突出，“停车难”问题日益凸显，尤其是商圈、医院和学校周边等地区情况更为严重。停车难的原因一方面是由于停车位少，另一方面是由于空闲的车位资源无法得到合理的共享利用。例如，白天，很多小区有大量的空车位，那么这些车位是否可以向附近上班的开车族共享。一般情况下，居民社区出于安全考虑不会开放停车位，何况也没有合适的渠道公布空闲的停车资源。但是基于区块链的智慧交通系统可为自发认证后提供停车位的个人、组织生成唯一的数字身份，系统基于停车位的物联网采集设备反馈的安全数据，对停车位进行资源协调安排，实现停车位优化配置利用。

5.3.1.2 解决思路

基于区块链的智慧交通系统的一个亮点就是，通过公开透明的激励机制调动整个交通场景中最关键的角色——驾驶员，参与交通环境的共同治理。首先，驾驶员在区块链智慧交通系统实名注册获得唯一的数字身份，数字身份既有驾驶员身份标识，也有驾驶员的车载设备唯一标识码。然后，将两者结合，通过基于区块链的智慧交通系统的激励政策鼓励驾驶员如实将实时路况信息上报，并记录相关数据到该平台上。有奖励，就有惩罚，相应的规则都是由多方共同参与投票达成一致的，奖惩规则都是基于智能合约自动执行的，可以保证公平透明。奖惩规则只是治理规则的一部分，在驾驶员积极性被调动起来后，逐步形成交通系统的社区化治理机制，如基于行车记录仪的可信数据，驾驶员主动礼让了行人，基于平台的治理规则就会自动给予其奖励，这个奖励可以是多种形式的，最简单的就是积分。积分可以拥有兑换商品或服务的功能，这样该积分在基于区块链的智慧交通系统生态中就逐渐产生价值。

另外，公共出行也是智慧交通生态的重要组成部分。近几年，共享出行已经成为一种成熟的商业模式，遍地开花，其在“野蛮式成长”的同时也出现一些关键性的问题。越来越多的互联网打车用户开始抱怨“打车难”“打车贵”，这与共享出行的理念相违背。共享出行的本质是改变过去集中式或通过中介方的资源管理和分配方式，让分散的社会资源在点对点的网络中实现流动共享，同时通过激励机制让参与者以不同的方式付出和受益。基于区块链的智慧交通系统可以完全基于一套打车合约规则，实现车辆与打车人之间点对点的自动匹配，由区块链平台上的“算法规则”来充当媒介。当然，前提是每个提供服务的车主都需要经过实名认证并生成一个唯一的分布式数字身份，平台上任何打车记录都具有司法存证的效力。同时，该智慧交通系统应用区块链多方参与的特点，将监管部门作为重要的角色，落实在相关智能合约中进行业务的监控。

未来，无人驾驶、智能充电桩构建的新型车联网，将深刻改变公共出行方式，实现公共出行智能化。对于车联网安全来说，挑战之一是，机器身份可信问题，简单说来，就是如何确保车辆相互之间的连接与交互安全。机器与机器之间的可信交互将是智慧交通系统的重要能力，区块链技术无疑是目前可预见的，可以实现机器与机器进行点对点通信的关键基础技术。对于车联网来说，区块链技术可以在这些车辆及车联网中的其他节点之间建立低成本、快速、安全的沟通桥梁。例如，电动汽车可以直接与智能充电桩进行交互，点对点地完成充电和支付，并且交易信息不会被泄露，大大提升了车联网的运营效率。同时，利用区块链和智能合约，基于车辆的唯一数字身份和入链规则，使得每辆车都可以成为一个节点，节点之间可以进行动态身份核实和交换数据信息等。例如，当一辆智能汽车行驶在路上时，会自动与旁边的车辆进行身份验证，可信后才能进行交互。同时，还可以实时获取周边天气状况数据，降低道路行驶风险。如果得知对方是危险货物运载车辆，那么就可以采取主动规避措施。由此可见，只有基于区块链实现人与人、车与车直接的安全可信网络交互，才能够进一步实现交通系统的智能化。

5.3.1.3 案例介绍

国内在交通领域的区块链应用仍在探索之中。2018 年，优拜单车尝试将区块链技术应用到共享单车出行中，探索解决用户信用问题。具体来说，每个共享单车用户都会获得一个公开透明的数字身份，该身份可以与 eID 等身份链进行互通共用，优拜单车搭建的共享出行链与其他身份链跨链互通，构建其自身的共享信用体系，从而解决平台中心化程度过高出现的佣金费率过高、用户资金安全无法保障和监管不透明等问题。

2018 年 4 月，IOV 基金会推出智能车链平台 SCC。区块链的引入能够实现数据价值归数据权益相关者所有，如车主、车辆和交通设施等都能够在数据的流通中根据数据携带的各自数字签名信息分享数据价值收益，从而构建一个多方共同参与、治理的交通应用。

5.3.2 垃圾分类

5.3.2.1 现状与痛点

随着城市化建设快速发展，城市垃圾产生量猛增。为解决垃圾处理难题，国家陆续出台了一系列管理办法，但由于民众的环保意识还不够强、政策扶持力度不足、垃圾回收处理产业不够完善等因素，我国垃圾分类首批试点城市取得的效果尚不明显。因此，需要对垃圾从源头处理到后期分类全程实现更高效的管理。

垃圾分类是培养绿色生活方式，改善城乡居住环境，促进资源二次利用，建设文明社会的重要举措。然而，垃圾分类涉及投放、收集、运输、处理等一系列环节，需要政府、企业、居民等多个主体的配合与参与，完善合理的配套制度，探索出一套良好的治理机制推动垃圾分类产业链健康发展。垃圾分类表面上看主要是针对垃圾生产者的管理，实际上牵扯到整个产业链条的变革。当前，我国已经进入了垃圾分类深入推进阶段，各地都在积极探索垃圾分类处理的解决方案，区块链作为实现多方可信协作的数字化治理新手段，在垃圾分类中具有一定的应用潜力。

清华大学循环经济产业研究中心主任温宗国指出，目前垃圾分类主要面临三个方面的困难。

一是垃圾分类标准不统一，居民对垃圾分类标准、方法和认知模糊，难以快速、准确地进行垃圾分类与投放，导致垃圾分类投放准确率低。虽然多地已相继出台明确的管理条例来提高垃圾分类处理效率，但由于环保意识不强，再加上历史因素，居民垃圾分类行动参与度不足，分类收集工作受到制约，既不利于全面推广，也影响了下游回收处理产业的发展。同时，垃圾分类的基础设施还不够人性化和智能化，增加了居民负担，引起居民对垃圾分类的抵触。之前，大多数城市在垃圾分类系统建设中主要考虑居民家用垃圾到社区公共垃圾箱这一环节，缺乏对垃圾回收、分拣、处理等环节的整体性设计考虑。

二是垃圾分类产业链条中各参与主体多，相应的责任缺位严重。目前，推进垃圾分类主要依赖社会宣传及对社区、街道等评优考核方式，而垃圾分类的效果与垃圾产生者和分类参与的主体的利害关系薄弱，换言之，垃圾分类做得好坏和其主要相关者关系不大。因此，市场手段不能有效地激发各方的积极性。同时，缺乏可实施的考核和监督规范，以及相关政策法规的有效约束，进一步使得垃圾产生者的分类意识不强。

三是回收网络与环卫系统缺乏统筹安排，难以应对低值废旧物品急剧增加的状况。近些年废品回收价格低迷，人工、物流等成本不断提高，使得“拾荒大军”逐渐退出垃圾回收行业，于是，原本可回收的低值垃圾混入生活垃圾的收运系统，使得城市的垃圾收运量普遍增加。如果现有的废旧物品回收直接从源头进行减量并细分，获得的回收资源品位就会高，获利也就会多，这样垃圾回收和分类的积极性就会高。然而，传统环卫系统存在垃圾分类量、收运处置量越大，其获得的潜在收益就越高的特点，因此，除了被迫升级垃圾处理设施外，没有推动垃圾分类和减量回收的动力。这两套系统在源头上存在冲突，废旧物品回收和环卫系统的两套系统缺乏统筹，必然降低城市固废分类和收运体系的运行效果。

5.3.2.2 解决思路

垃圾分类产业链条健康发展须始于制度设计，前期需要政府主导推进，制定并落实政策、法规，树立居民的垃圾分类环保意识，激发市场主体深入参与协作，搭建出一个完整的垃圾分类产业链条，逐步形成由社区、区域管理者、各类收运处理垃圾企业等多方共同参与的垃圾分类全链条体系。随着物联网技术在垃圾分类设施中的应用，未来整个垃圾分类产业的网络化、智能化应用水平也不断提升，这为垃圾分类与区块链的结合提供了基础。依据垃圾分类产业链条的特点，区块链在垃圾分类的投放、回收奖励、垃圾分类数据追溯、透明化监督管理，以及促进各方高效协作等方面具有独特优势。基于区块链的垃圾回收平台如图 5-3 所示。

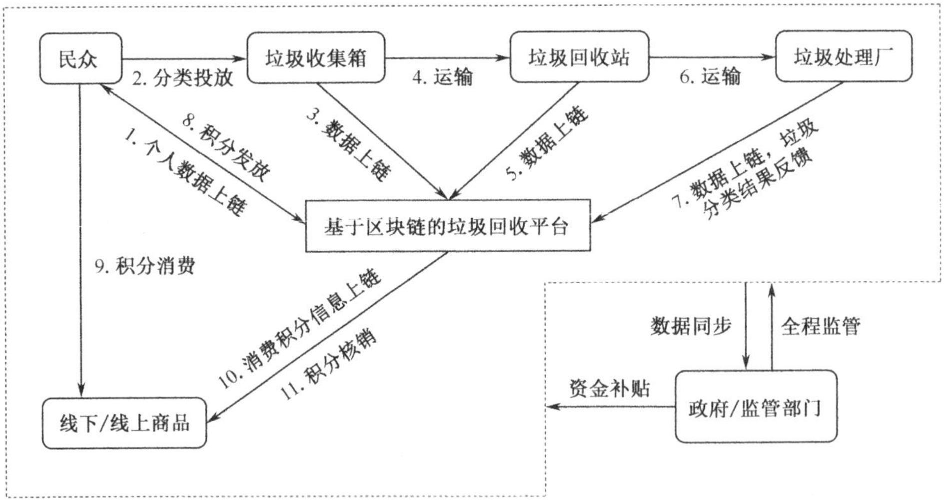

图 5-3 基于区块链的垃圾回收平台

首先，逐步探索基于区块链构建的垃圾分类积分激励机制。区块链积分相较于普通中心化的管理系统中的积分更透明、公平，可信度高，能够承载相应的价值。先从垃圾智能回收终端做起，随着垃圾投放点固定化、智能化发展，垃圾智能回收终端向每个垃圾产生者分配唯一的数字身份，指导垃圾产生者对垃圾进行分类投放，对于可回收物品可以直接按照市场价格给予投放者相应费用。对于不可回收物品，可以根据居民投放的分类准确性、环保性、数量等参数，通过区块链上的智能合约自动生成奖励积分，同时积分可以衍生出各种应用，比如作为市民信用评价参考依据、公益事业贡献评价、兑换商品等，目的就是体现其价值，激励公众主动参与到垃圾分类中，将原有只是提倡、引导甚至政策干预等简单方式转变成通过系统公开透明的激励机制来促进居民进行垃圾分类，引导居民自发调整自身行为，形成一个正向垃圾分类激励闭环。对其他参与主体而言，基于区块链的公开透明积分激励机制，同样也能提升其系统运行效率，提升城市治理水平。

其次，区块链帮助垃圾分类产业各方进行可信协作，提高垃圾分类大系统处理效率。垃圾分类涉及居民、垃圾回收运输企业、处理企业、监管部门等多个角色，单单依靠某一方的力量难以实现垃圾分类处理系统的高效运转，需要公开、透明、有效的制度和技术手段链接各个角色主体，推动多方可信、高效协作。例如，相关角色可利用物联网技术和区块链技术，通过在相关硬件设备上安装智能识别器等措施收集垃圾投放数据，将何人在何时何地投放的垃圾量和垃圾种类等数据实时上链存储。其他相关角色可以基于这类数据，对各地区产生的生活垃圾进行精细化管理。生活垃圾运输企业可以根据链上实时数据为垃圾回收终端的部署规划提供数据支撑。

还有，区块链为政府的穿透式监管与精细化管理提供技术支撑。垃圾处理存在跨地区的情况，可以使用区块链实现跨地区的监督管理。各个垃圾处理环节可以组成一个垃圾处理生态链，监管部门作为区块链中的监管节点实现穿透式监管。因此，面对城市垃圾处理系统中的跨区域问题，各个地区可以建设自己的一条垃圾分类处理区块链，再通过跨链技术进行链链互通，实现更大范围的穿透式监管。同时，给垃圾收集装置、垃圾运输车等硬件设备安装物联网设备，并给各个垃圾处理主体唯一的不可篡改的身份标识，实现将各个环节的完备情况上链。基于链上可信数据，遵循因地制宜的原则，在运营过程中监督巡检人员职责、定额数量，明确各自的任务。运用软件平台和 App 实现垃圾分类全过程可视化。另外，区块链平台可以更好地为政府调控提供支撑。通过接入区块链网络，实现垃圾产业链中各参与方的数据共享和信息透明，从而对城市垃圾治理系统进行全程跟踪。监管部门通过对特定回收资源进行补贴，或者以优惠的税收政策影响其市场定价，推动高效循环利用回收资源。另外，基于区块链的垃圾回收平台可以将个人或企业的垃圾回收记录接入社会信用体系，对个体或企业进行信用评级评价，为城市信用治理提供新维度，助力提升社会诚信水平。

最后，要把垃圾分类纳入社区治理的范畴，明确职责和利益，探索应用区块链技术将各主体的相关职责量化，鼓励对垃圾分类进行多方评议，且评分上链，制定相应的奖励和惩罚规则并基于智能合约技术形成自动执行评价机制，充分调动各方积极性，逐步形成自觉、自愿、主动的垃圾分类生活习惯。

5.3.2.3 案例介绍

青岛市北区海伦路街道是国内较早开展“区块链+垃圾回收”的地区。该街道在社区内放置具有分类回收功能的智能垃圾箱，居民可以登录智能垃圾箱的专有 App 或小程序，将垃圾投放入箱体后，根据投放量获得相应的积分奖励，所获积分可以在社区线下实体商店或线上商城兑换生活消费品。利用区块链技术实现公开透明的积分应用，将居民、积分应用实体店面和垃圾回收主体等各方的积极性调动起来，无形中推动了各方各司其职，实现了垃圾分类的高效处理。零壹智库在《挺进千亿蓝海——区块链在垃圾分类回收领域的发展应用报告》中指出，2017 年年底，该项目在海伦路街道海伦路社区试运营不到半年，累计注册用户 1850 人，活跃用户 1131 人，共计回收 16.2 吨可回收资源，累计分类投放次数 7763 次，取得了显著成效。

IBM 为海地的塑料银行项目提供了区块链技术支持，该项目成立于 2013 年，基于海地的一个废品回收市场，人们可以用回收的塑料及塑料制品在这个市场中交换基本生活用品。该项目利用区块链技术创建一个银行应用程序，记录当地人用塑料换得的收入情况，并提供数字钱包存储获得的收入，获得基于区块链的积分奖励。人们可以利用这些积分在塑料银行建设的商店中购物，甚至以此换取银行抵押贷款等服务。回收的塑料会被加工成塑料颗粒，出售给跨国公司重新制成产品再次流入市场。过去数年，塑料颗粒的市场需求不断增长，这也使塑料银行模式的市场潜力与日俱增。

随着气候变化和不可再生资源逐渐枯竭，发展城市垃圾分类处理系统以提高资源利用效率是当务之急，其最终目标是使城市居民、垃圾回收站、垃圾处理站、再利用企业等不同角色都能够积极参与进来并获得收益，最终实现低成本、低污染的垃圾分类处理。随着政策、法律法规的不断完善和落实，以及技术不断迭代创新，垃圾分类产业链与区块链相结合的应用成果会不断增多，行业将会迎来一轮快速发展时期。

5.3.3　环境保护

5.3.3.1　现状与痛点

改革开放以来，我国社会主义市场经济体制激发出经济发展的巨大潜力，我国经济建设取得了举世瞩目的成就。在物质文明建设取得重大成果的同时，我们也充分意识到了人、社会、自然和谐发展的重要性。2012 年，党的十八大首次将“生态文明建设”加入了“五位一体”总体布局，将环境保护与自然和谐发展提升到新的高度。我国经过不断的努力，深入贯彻“绿水青山就是金山银山”的绿色发展理念，使得生态环境得到较大改善。但各种污染行为时有发生，仍然对生态环境造成威胁，环境保护形势依然严峻。可以看到，环境保护与经济发展之间的矛盾不断加深，环境污染和破坏问题影响着我国经济社会发展，成为我国经济提质转型的重大阻力，具体面临的主要问题如下。

1. 环境监测数据容易被篡改、造假

环境保护整治工作是政府工作的重要考核指标，而环境监测一般都由专业的机构完成。由于考核指标压力或相关利益的驱使，容易出现环境监测数据造假，而且往往这类事件都是事后才被发现，其造成的影响已难以挽回。另外，环境监测数据造假会造成监测数据不可信的问题，还会破坏环境执法工作的公正性，对整个环境治理带来负面影响。

2. 环境污染治理工作面临协同困难、低效的问题

《中华人民共和国国民经济和社会发展第十四个五年规划和 2035 年远景目标规划纲要》指出，要加强生态环境共保联治，着力构筑生态安全屏障。探索建立沿海、流域、海域协同一体的综合治理体系。由于条块化的管理模式，相关各部门缺乏横向沟通，信息共享程度低，降低了环境保护与治理的有效性。以环保部门为主进行执法监察时，很多情况往往需要其他相关部门配合，如公安、交通等。目前仍然缺乏有效的机制和平台支持相关部门进行业务协同。

3. 环境治理模式缺乏创新和长效机制

《中华人民共和国国民经济和社会发展第十四个五年规划和 2035 年远景目标规划纲要》要求，制定 2030 年前碳排放达峰行动方案，努力争取 2060 年前实现“碳中和”。面向未来“碳排放权”“排污权”等治理方式的环境治理要求，需要加快探索制定透明化的碳排放权定价、交易和管理模式。我国将加快推进建设全国碳排放权交易市场，从钢铁、电力等主要行业出发，逐步扩展到建筑、制造业，涵盖上下游碳排放企业，提供多样化的交易品种和方式，最终构建一个面向全国的碳排放权高效交易市场。创新碳排放权利用方式，每件商品如果都能在出售时，根据其携带的可信“碳足迹”数据定价或收税，增强企业碳减排的动力。未来，每件商品都会带有碳足迹，在使用区块链对商品进行溯源的同时，也可以对其碳足迹进行追溯。根据可信的链上数据，可以公平地确定商品的碳税额。碳足迹大的商品，其价格中就会有较多的碳税，就会导致其购买成本较高，如此可以引导消费者的消费倾向，最终鼓励消费者购买低碳、环保的商品，从消费端促进制造端的节能减排。

5.3.3.2 解决思路

区块链技术为环境治理提供了新思路、新方法。结合物联网技术给每个环境监测、检测设备都分配唯一数字身份，实现环境监测设备可信化，其采集的数据上链唯一、不可篡改、可追溯，由此建立一个环境数据可信的监测网络。基于存储在区块链上的可信数据进行集成分析和预测，为环境污染治理工作提供更为科学、准确的数据支撑。基于区块链的开放性，链上的环境数据资

源可以透明地分享给相关的所有环境治理主体，并可以基于这些数据开发相关应用。

首先，随着 RFID 等物联网技术的普及应用、成熟，逐步探索分阶段、按类别将商品的碳足迹量化内置于其唯一的芯片或 RFID 条码中，商品信息纳入基于区块链技术的供应链平台，碳足迹指标值可以作为商品企业生产者的税收优惠政策的重要衡量指标，以及作为其绿色经济贡献值的评价指标，同时消费者也会根据商品的碳足迹值来选购商品，并且购买商品的碳足迹值会与消费者的信用值相关联，成为鼓励消费者进行绿色生活的一种重要推动力。

其次，构建环境保护的综合治理协同平台。在我国，环保事业重点涉及的主体包括政府监管部门、煤炭和电力等重工业企业、环境检测与监测企业或机构及环境保护团体等，在以政府为中心的传统环境治理体系中，相关数据信息集中在政府部门，因此数据的共享流通受限于以政府为中心的治理架构，难以实现点对点的直接互通，导致治理效果不及预期。由于区块链具有分布式的数据接入能力，通过 P2P 技术和共识机制，非常适合将环境治理相关各方联通，改变以往政府在环境治理体系中的中心责任地位，通过在各个参与方之间实现点对点的可信数据安全共享，消除信息不对称。区块链分布式可信账本技术能够为环境治理中存在的数据壁垒问题提供可行的解决方案，实现各个环节业务数据可信共享，从而建立起一种多中心、高效的环境治理组织结构，提升我国环境污染治理能力。同时，将各个参与方的环境治理义务、权利及相应的奖励、惩罚措施，通过智能合约公开透明地执行，从而调动各个参与方共同治理环境的积极性。最终，在各治理主体之间形成自组织的协作网络，实现基于算法的广泛“信任”，这种分布式对等的信用模式有助于各个主体有序协同，有效沟通，建立共同参与环境污染治理的共治格局，构建环境污染治理综合施策体系，推动自然环境与社会经济协调发展。

最后，探索建立点对点分布式碳权交易市场，通过市场机制加快我国碳达峰、碳中和进程，促进能源产业走绿色发展之路。未来，碳排放权将作为企业、个人的一种重要社会权益甚至成为数字化资产而被充分应用。探索应用区块链技术建立碳排放权数字化、资产化应用平台，可以实现碳排放权的自由拆分和快速转移，逐步将碳排放权交易从能源电力行业延伸到制造业、服务业，实现碳排放权与企业唯一绑定，使其成为企业的重要资产，盘活碳排放权交易市场。

综合来看，构建的区块链环境治理平台将产生三方面的价值。一是促进政府环境污染治理科学决策。环保管理部门在将原始数据进行基本处理后，利用相关数据模型进行分析，掌握实时环境数据，预测发展趋势，应对突发状况。利用基于区块链的智能合约技术构建“可编程治理”架构，助力科学制定环保政策、治理措施和治理目标。例如，通过区块链上安全的智能合约，将环境治理流程自动化处理，监测结果一旦超标，智能合约就会自动且不可人为干预地对相关主体进行警示、处罚，如此一来既体现公平，又提高环境治理效率。二是提升由政府主导、多方协同的环境治理能力。将区块链引入环境污染治理中，发挥区块链实现多方数据可信共享的能力，增强环保协同部门之间的数据共享能力，提升整个环保决策能力和环境治理效率，有利于环境治理主体从政府主导的单一模式向社会相关方参与的“多元化”转变，从而建立起一种更加扁平的环境污染治理组织架构。三是通过碳排放权、碳足迹商品或行为内嵌的数字化、资产化，充分应用区块链技术平台机制和市场驱动，带动企业、检测与监测机构、政府和民众等各个主体都主动参与到环境治理中来，形成一个良性的、分布广泛的环境治理体系。

5.3.3.3 案例介绍

目前，环境保护领域的区块链应用仍然处在探索阶段，国内外相关的应用试验项目主要集中在能源领域。

2016 年 5 月，全球首个能源区块链实验室在北京成立，并搭建了一个基于区块链的碳资产开发、交易和管理平台，将碳资产开发所涉及的各参与方纳入该平台，实现数据共享，重塑碳资产交易过程，打造碳资产开发协作网络。

2016 年 4 月，美国的能源公司 LO3、西门子数字电网及区块链公司 Consensus Systems 共同建立了世界上最早的能源区块链应用——布鲁克林微电网。由于国外居民居住分散，很多家庭都安装有太阳能、风能等绿色能源发电设备，通过该项目将分布式能源进行互联交易，实现自发的能源负荷调配，居民可以基于能源区块链平台直接进行点对点电能交易，可以作为公共电力的有力补充。此外，多余的电能可以进行存储，再通过区块链微电网将未使用的能源出售给其他社区。

5.4　安全治理

5.4.1　食品药品安全

5.4.1.1　现状与痛点

古语道：“国安在乎民，民安在乎食。”食品药品质量安全一直是重要的民生问题。食品、药品产业链条长，涵盖原材料种植源头、加工与制造、运输与流通、销售与消费等主要环节，相应地包括了农民或种植户、加工制造企业、仓储企业、运输企业、分销及零售企业等各种角色。在整个生产流通环节中，由各方各自记录信息且格式不统一，相互之间难以进行数据互通，因此实现产品全流程的可信溯源有较大困难。要实现食品从生产到食用的全过程监管，保证我国食品安全，最可行的途径就是实现食品产业链上下游数据安全、可信共享和商品可信溯源，为食品质量安全监管提供有力手段。目前，我国的药品追溯体系基本都呈“片段化”状态，制造、运输、销售环节的企业信息化系统都独立运行，数据没有进行共享连接，相互之间信息不透明，一些环节容易出现问题。药品质量事关民众生命健康，药品质量一旦出现问题，追溯需要付出巨大的时间成本和金钱成本，而且由于当前药品追溯体系的追溯能力和及时性不高、公开透明度较低且处罚滞后，其公信力有限，出现质量问题往往会进一步损害公众对制药行业的信任。

近年来，我国的食品药品安全问题已经得到了较大改善，但是仍然存在着难以监管、难以追溯的问题。对食品药品生产销售全过程的溯源是进一步保证食品药品安全的有效手段之一。当前，国家市场监督管理总局、农业农村部、工业和信息化部、商务部和国家质量监督检验检疫总局等部门都在积极建设我国食品药品质量安全追溯体系，在这个过程中，相关部门建立了各自具有代表性的食品药品追溯系统，各地政府也建立了本地食品药品追溯平台。然而，由于各地经济发展水平不同，消费者对商品追溯的认知和接受程度有巨大差异，因此，建立一个全国性或者大区域的食品安全追溯体系难度可想而知。

5.4.1.2 解决思路

食品药品溯源是促进其质量提升的重要手段，对质量监督、质量改进有着重要支撑作用。然而，我国目前的食品药品生产销售等溯源信息的记录仍然是片段化存储的，基于中心化系统建设的各种商品溯源系统，可能会导致由利益驱动的数据造假，且难以追溯并定责。造成这种现象的原因，一方面是中心化溯源系统中的数据易篡改，另一方面是造假的法律成本较低。区块链技术的分布式、不可篡改、可追溯特性为商品溯源解决方案提供了全新的思路，将对食品产业健康发展带来重要革新。应用区块链技术建设多中心化的溯源系统，使得商品流转数据难以篡改且易追溯，在繁杂的食品、药品流转过程中不会失真，形成一个全流程的食品药品可信溯源体系，建立数字化高效监管新模式，形成让老百姓放心的食品药品市场环境，并提升食品药品质量监管水平和整体效率。

区块链可以实现多方共同维护同一个数据账本，数据不再是中心化的管理模式，并且数据不可篡改、可追溯，基于此可以搭建一个完整、可信的食品药品追溯数据链条。传统的溯源系统容易造成数据在众多环节传递过程中的失真，利用区块链可信的分布式账本技术构建从产地、运输到消费者的完整流通数据记录过程，杜绝在某一个环节中篡改物流数据，并且同步实现物流、信息流合一。具体而言，需要通过物联网技术和设备自动、可信采集源头数据，过程中的生产商、监管部门、消费者可以分别上传生产及质检数据、物流仓储端数据、消费环节数据，商品的轨迹信息包括检测数据、执法数据等都上传存储在区块链中，便于实现动态跟踪和溯源，助力打击假冒伪劣商品，保证产销全流程透明、可信任。

区块链为实现“穿透式监管”提供技术支撑，使得食品药品供应链透明化，对食品药品进行溯源追踪，实现食品药品全程数据可信追溯。在真实、可信的数据基础之上，监管部门可以开展智能化监管，让用户对产品质量的判断都有据可循，解决了传统商品市场信息不对称、监管难、应对突发事件滞后等突出问题。区块链利用智能合约可以实现动态管理，方便监管部门精准执法，不但节省了人力、物力，也方便了应急、召回和问责等监管机制的实施，促进了食品药品安全水平向更高层次发展。

区块链为食品药品溯源提供安全可信的数据存储方式。食品药品企业可以通过消费者使用商品的追溯功能获得大量数据，通过大数据分析为企业的生产和营销决策提供参考，从而实现柔性生产和精准营销，保障食品药品原材料供应商、经销商等参与者的权益，可以促进我国种植、养殖、生产、加工产业的健康持续发展。具体可以从三个方面推进区块链溯源体系的建设。

1. 推进区块链食品药品溯源平台建设

长期以来，我国食品药品溯源体系建设重“硬”轻“软”，监管不足，再加上技术发展局限和应用水平低，存在诸多问题，如各地溯源标准不统一，溯源系统各自独立、缺乏监管，公信力有限，甚至存在虚假溯源问题，使得溯源本身成了一种商业牟利手段。可想而知，这样的溯源服务已经失去意义，甚至涉嫌违法。现在，利用区块链技术，充分发挥其分布式融合能力，连接现有的溯源系统，以食品药品产业链为核心，补充缺失的必要环节，逐渐建立一个端到端的可信溯源系统。

2. 推动食品药品溯源数据标准化及溯源自动化

继续完善溯源体系数据规范，实现溯源数据全程有标准可依，应用区块链技术联通溯源链条上的各类数据，实现食品药品生产流通全过程可追溯。

3. 构建面向各主体的食品药品行业信用体系

区块链食品药品溯源平台的各环节参与主体都具有唯一的数字身份，食品和药品的完整流转数据及相应的主体数字身份都存储在区块链上，能够促进各个主体对食品药品在各自环节的质量负责。最终，基于链上溯源数据和智能合约建立各参与主体信用评价模型，形成一套有公信力的主体信用评价机制，促进生产者、经营者的安全责任意识、诚信意识和质量意识提升，最终提升食品药品安全治理水平。

基于可信数据的食品药品全流程溯源是保障食品药品安全、减少假冒伪劣商品的有效手段，一方面通过政府主导的监督模式推进食品药品产业链各个主体进入溯源体系；另一方面也要发挥市场的自动调节和激励机制。区块链平台可以最真实地记录各个主体的市场数据，基于链上可信数据形成信用、积分等形式的激励模式，进一步吸纳产业链上的各个环节参与共建溯源体系。需要重点强调的是，广大消费者是食品药品安全的最终受益者和需求者，当前基于二维码或 RFID 的溯源系统存在数据可信问题，需要从三个方面改善：一是通过营造良好的市场发展环境，促进企业充分竞争，提升用户溯源体验；二是需要时间来构建消费者对溯源数据的信任机制，将消费者纳入食品药品溯源监督体系中；三是推进和加强相关商品溯源的规范和法律法规建设，为溯源体系建设提供法律依据。

5.4.1.3　案例介绍

目前，国内区块链企业也在探索将区块链技术应用到食品药品溯源场景中。丰溯是顺丰科技基于区块链技术搭建的聚焦农产品溯源的平台，顺丰联合相关部门和企业建立溯源联盟链，解决传统溯源数据不可信、商品流通信息难追踪等问题。丰溯为梅州柚子建立全链条溯源系统，通过该系统消费者可以获得真实可信的柚子追溯信息。同时，帮助管理者获得真实数据，辅助其决策分析，最终帮助提升梅州柚品牌影响力。丰溯溯源平台主要包括商家端、运营端、消费者端，打通农产品流通环节数据，做到全流程可信追溯，其业务流程如图 5-4 所示。

京东数科推出基于区块链的医药追溯平台，基于每支疫苗的安全防伪包装，将其唯一标识码信息进行上链记录，疫苗从生产、流通到使用的每个环节都需要扫码信息上链，保障疫苗全流程信息透明可信，为疫苗质量监管和安全运输提供有力支撑。京东数科与海信生物医疗冷链合作推出的智慧疫苗追溯管理系统，实现疫苗生产、物流、接种等多个环节的信息互通。可以支持疫苗接种者通过手机查看所接种疫苗的全程可信轨迹信息，并且能及时地接收到疫苗接种后的反馈信息等，提升了人们对疫苗质量和安全的信任。

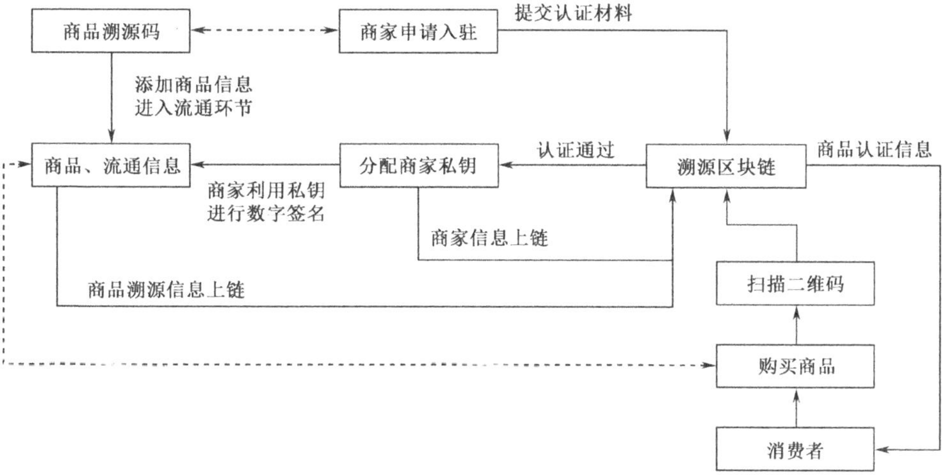

图 5-4　丰溯科技梅州柚子溯源业务流程

2019 年 6 月，沃尔玛（Walmart）加入药品追溯区块链 MediLedger，以追溯其所销售药品的来源。MediLedger 的成员包括辉瑞、麦克森、美源伯根和嘉德诺等企业。此前沃尔玛应用 IBM 的区块链食品溯源平台 Food Trust 提高了食品的溯源效率。例如，在沃尔玛当前的供应链系统中查询一箱杧果的进货记录需要花好几天时间，但是应用区块链食品溯源平台后，最快只需要几秒钟，就可以查到这一箱杧果的完整轨迹数据。

5.4.2　公共卫生

5.4.2.1　现状与痛点

根据世界银行的相关数据，到 2025 年，世界平均城市化率将发展到 58% 以上，高于 1000 万人口规模的超大型城市急剧增加，中国将有超过 40 多个城市成为超大型城市。城市化的迅速发展对公共卫生提出了前所未有的挑战，对于如何及时发现、处置、预防公共卫生事件提出了诸多难题。

2020 年暴发的新冠肺炎疫情让全世界重新审视公共卫生事件的响应与应对机制。突发公共卫生事件具有突发性、破坏性、紧迫性和不确定性，因此，对于公共卫生事件要能及早监测，自动捕捉相关数据信息，分析预测其发展态势，实现公共安全事件的高效防控，这对社会稳定具有十分重要的作用，也是现代社会治理的重要课题。

早在 2003 年，SARS 疫情暴发后，我国就启动研制国家疾病监测信息报告管理系统，该系统接入全国所有的医疗卫生机构，并将诊断为 39 种“法定报告传染病”的患者个人信息实时地上报至该系统。随后，为了提高全国各级疾病预防控制中心（CDC）及基层前期识别传染病暴发和传播的能力，中国疾病预防控制中心在 2004 年启动基于法定报告传染病的国家传染病自动预警系统研发，于 2008 年 4 月正式在全国范围内运行，实现了我国传染病监测的信息化、自动化。然而，面对这次突如其来的新冠肺炎疫情，这套传染病预警系统显露出了诸多不足之处。

如图 5-5 所示，我国的疫情信息上报是由国家、省、市、区县四级传染病防御及控制中心（CDC）组成的层级应急系统，即逐层上报至中央，其中涉及层层的审核与确认。出于对疾病预防的高要求，传染病上报要求数据完整和准确。目前传染病报告卡从临床医生填报到上报国家传染病网络直报系统，需要经过三次人工审核。这种审核模式，可以应对已知疾病，避免人为出错而造成的负面影响。但在面对突发的、未知的传染疾病时，该机制有明显缺陷。

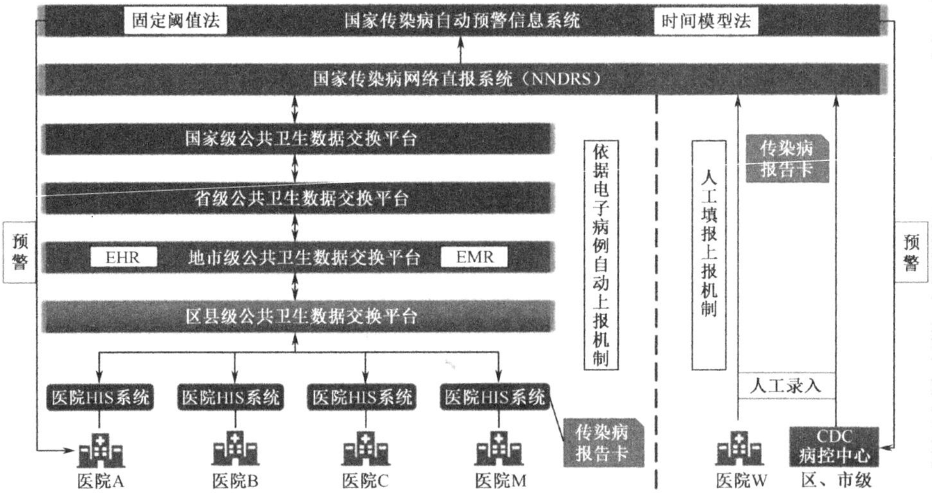

图 5-5 国家传染病报告流程

资料来源：《硬核：用区块链技术改进国家级传染病监测预警网络》。

一是传染病疫情上报效率较低；二是由于国家疾控数据的权威性，使得医生、医院和当地疾控中心在每次上报新传染病时都会异常谨慎小心、唯恐误报，导致监控不及时，阻碍了对突发重大传染病的及时发现、判定与防控工作开展。

5.4.2.2　解决思路

一旦公共卫生事件暴发，不仅需要医疗系统做好充分应对措施，而且要加强对社会舆论的通报、疏导和管控，同时及时组织社会救助和应急物资调配等工作。通常，公共卫生事件的发生都有征兆，关键在于这些前期的线索能否及时地被监管者、决策者发现。在网络时代，数据无处不在，可以应用大数据技术、区块链等技术进行数据跨区域协同，实现公共卫生风险事件预测、预判。首先，基于区块链技术打造扁平化的公共卫生事件数据监测系统，对各类基层数据进行上链和自动审计，保证数据质量。然后，依据丰富的链上可追溯数据，对上报的信息及上报来源进行事前分析、事中跟踪、事后总结，整体提升公共事件监管能力。具体方法为在区县、地市、省和国家各级建立基于联盟链的公共卫生监测网络系统，形成跨部门、跨地域的数据互通网络。依托各行政区级疾控中心，引入监管部门、防疫抗疫社会组织及合规主流媒体等多元化社会主体，建立突发传染病数据采集和实时预警系统，并不断完善国家传染病、公共卫生突发事件预警系统建设。

首先，公共卫生事件的发生伴随着事件相关新闻的传播，信息来源混乱，难辨真假，扰乱大多数人对事件真相的了解，甚至被一些谣言所误导、利用。面对这种情况，需要加强法律监管的作用，但同时也要通过上报体系的完善来消除卫生事件信息的不对称性，力争扩大数据来源。例如，在基于区块链技术的疫情监测系统中，每个信源都是由经过认证的具有唯一数字身份的主体发布的，并且每个信息生产者和传播者都建立起独一无二的信息上报信用档案，通过将信息发布准入与个人信用相结合，提高发布者发布和传播的成本，以此来降低垃圾信息、谣言等肆意传播的风险。特别是对于突发的公共卫生事件，能够有效抑制诸如“自媒体信息发布泛滥”问题，推动提升公共卫生事件整体治理水平。

其次，完善公共卫生应急物资追踪管理，提升跨区域整体统筹调控能力。

在我国城市化、区域一体化建设的大背景下，跨地域的突发公共卫生事件发生的概率越来越大，一旦发生就需要启动跨区域的物资调配系统。然而，现有的物资调配系统都是以行政区划各自管理的，面对跨区域协同的紧急情况时，需要组织按流程对接，效率往往较低。而且在进行跨区域物资调配时，还会存在物资调配信息与实际情况有较大偏差，但却没有具体的数据支撑的情况。未来，应用区块链技术构建分布式的应急物资跨域协同管理平台，可实现调配物资的全程可追踪、可溯源和物资调配全过程信息可查。

最后，构建以各级防疫中心为主导、多元社会主体共同参与的公共卫生事件监测与治理体系。一般地，社会主体包括企业、公益慈善机构和媒体等社会组织和志愿者。利用区块链技术可以在各社会主体间建立高效协同系统和机制，记录志愿者参与公益的各项数据，通过智能合约自动公开透明地计算各主体的积分，激发社会公众参与公共卫生事件中公益活动的积极性，形成一个公共卫生事件监测共建、共治的良性发展环境。

5.4.2.3 案例介绍

2020 年，新冠肺炎疫情暴发，国内有不少医疗机构、科研院校利用区块链技术提升疫情防控响应水平。新肺炎冠疫情暴发前期，全国共上线 20 多个“新冠”防控相关的区块链应用平台，诸如西安交通大学的新冠风险筛查系统、南京审计大学推出的疫情防控区块链系统、支付宝的防疫物资信息服务平台等。国外案例中，2020 年 2 月，美国区块链公司 Acoer 发布基于区块链的数据可视化引擎 HashLog，以及时、准确地跟踪新冠肺炎疫情。HashLog 利用公有链 Hedera Hashgraph 区块链作为信任层，采集世界卫生组织和各个国家、地区的疾控中心数据，整个区块链节点的信任度高，保证了 HashLog 链下数据的可信度，由此实现链上数据可信共享，有效支持病毒传播预测分析。

此外，在其他传染病追踪监测方面，2018 年，德国慕尼黑大学提出了一套用于追踪埃博拉病毒疫情的区块链系统 SERIS，其主要功能是，创建标记埃博拉确诊病例和疑似病例的数据库，为实时追踪感染埃博拉的患者和接触者、监测传播模式及交付疫苗提供数据支撑，运用区块链技术打破数据壁垒并提升数据的真实可靠性。

公共卫生事件具有突发性、破坏性、公共性、紧迫性和不确定性等特点，对公共卫生事件要能够提早发现，利用大数据做支撑推演其变化过程，捕获敏感性、倾向性等数据信息，进而预测病毒的发展趋势，提升公共安全事件的预测与防控水平。区块链的分布式、数据不可篡改、可溯源等特点，在公共卫生事件侦测、发现、分析中可以发挥重要的数据采集、共享、分析等基础性作用，对于建立公共卫生事件监测防控应急体系有着关键作用。

5.4.3　应急管理

应急管理部主要负责指导全国各地区、各部门应对安全生产类、自然灾害类等突发事件和综合防灾减灾救灾工作。

我国是世界上自然灾害多发的国家之一，水灾、地震、旱灾、海洋灾害、森林或草原火灾等自然灾害的种类、范围、频率、程度等均较为严重。生产安全事故频发，重特大生产安全事故尚未得到彻底遏制。根据应急管理部发布的相关数据，2020 年全国范围内共发生生产安全事故 3.8 万余起、死亡 2.74 万余人，全年各类自然灾害共造成 1.38 亿人次受灾，直接经济损失 3701.5 亿元。另外，应急管理的指挥协调虽然由应急管理部负责，但是在日常业务管理和监督层面，常常涉及众多的国家行政部门，需要进行大量的跨层级、跨部门、跨区域的协同。在复杂的社会运行系统中，如何构建针对突发公共事件的管理体系，推动应急管理现代化、信息化、高效化、协同化，有效降低人员伤亡和财产损失，是我国政府和应急管理机构需要重点解决的问题。将区块链技术应用在应急管理中，可增强应急管理体系运行透明度，提高与其他部门进行业务协同的效率。

5.4.3.1　现状与痛点

应急管理活动涉及安全生产、防灾减灾、应急救援及灾后处置等工作，对各类突发应急事件的反馈、响应、处理离不开这些社会治理主体的共同参与和彼此间的业务协同，但是受到部门间、层级之间的处理时间差和应急管理专业知识及技能的差距等客观因素影响，各机构、各主体之间难以真正地实现高效的协同。

首先，应急管理和响应突发事件，事件相关信息高度依赖垂直逐级上报和反馈，导致应急指挥机制运行效率低。应急突发事件的信息传递与协同，目前主要是依托我国县、地市、省、部四级的政府机构组织模式，采用逐级逐层向上报送和审批的垂直方式，并且主要由管辖具体事件的职能部门进行报送，而不是由一线的相关部门机构上报。近年来，随着信息技术的应用和发展，在纵向维度上已经显著提高了突发事件向上报的效率，但是受限于垂直的“上报—审批—反馈”机制，导致后续的信息发布效率依然较低，同时由于各职能部门间信息标准不一、系统难以互通等问题，信息在横向维度上的传递效率更是难以得到保障。

其次，应急监测网络数据真实性的“第一公里”问题难以破解。应急突发事件的处置，不仅要构建强大的事中和事后处置救援机制，而且要加强预测能力。近年来，我国通过吸取国外的应急管理先进经验和国内应急管理的现实需求，提出建立强大的应急管理监测预警网络体系。然而，构建强大的监测预警感知网络需要众多职能部门和企事业单位的共同参与，参与的方式主要是数据信息的共享交换。各参与主体出于数据安全和利益等因素考虑，再加之监测数据在生成、传输过程中环节多、容易失真，导致监测预警体系难以发挥效能和效率。

5.4.3.2 解决思路

为了解决以上痛点，可将区块链与相关的业务系统进行融合，在应急指挥、数据可信采集与共享及跨主体协同方面发挥其优势。

1. 构建高效的应急指挥体系

信息的不一致性是造成指挥困难的首要问题，应急指挥系统旨在打造高效率的系统，尽可能使得各层级、各主体间的信息一致，便于进行事件研判和处置。可利用联盟链连接各级应急管理机构与其他各个主管机构，各节点在应急事件中需要将上报的数据信息加上时间戳和数字签名，并将数据记录在区块链账本上，利用区块链技术，保证同一信息在各个节点上是一致的，而在相应信息发生变化时，链上所有节点的信息都能同步更新，不会存在同一信息在不同主体中的状态不一致的问题，这样可以有效对应急指挥系统中的强一致性需求进行响应。另外，应用区块链构建的指挥系统不再是中心化的指挥调度指令发送，而是通过区块链的分布式网络，每个节点都按数据规则将相关数据上链，实现多环节的数据信息透明共享，从而直接实现各个环节之间的应急协同，大幅提升应急系统的效率。

2. 解决数据可信的“第一公里”问题

为了解决监测网络数据可信的问题，可将物联网和联盟链技术相结合，利用区块链芯片或模组对现有的监测设备进行改造，如安全生产领域使用的温度压力传感器、红外监控摄像机、普通监控摄像机、阀门控制装置、特种车辆车载监控系统等安全生产相关的关键监控和控制设备。具体过程为：首先，实现数字身份的链上原生，对采集设备的硬件身份可信提供支撑；其次，实现关键生产端数据实时上链固定；最后，点对点网络互连改变过往数据先经由企业生产系统再向安全生产监管部门同步的异步处理方式。从而实现相关生产数据来源、时间、环境、主体身份可信存证和远程实时监管，赋能安全生产的监督管理。

3. 实现跨部门的应急处置与救援业务协作

区块链有助于实现应急物资全程信息的透明化。区块链的分布式账本使得应急管理相关部门、物资提供方及运输方成为区块链节点，通过区块链的共识机制，实现物资流转数据全程上链，一旦某个节点的相关数据变更后即时上链，实现各节点之间的数据一致，同时保证数据不可篡改，并且在相关权限的控制下，链上数据可以做到定制化可见。区块链还有助于提升应急资金的使用效率。所有的应急物资都具有唯一的数字防伪标识码，其与物资流转的经手人员信息一一对应，且相关对应数据及时上链，应用智能合约实现应急资金的自动拨付、流转，大幅提升物资流通效率。

4. 赋能应急事件发生后的舆情治理

区块链技术为治理应急事件发生后的虚假新闻提供了新手段。重大突发事件发生时，往往会给公众带来不同程度的恐慌，尤其是虚假新闻、谣言带来的公众恐慌给不法分子可乘之机。区块链的分布式对等网络可以改变新闻信息发布的流程，将原有单方审核的模式转变为各发布方互相审核的机制。应用区块链技术，合法注册的用户都可以发布新闻，但每条新闻都会经过广播、验证和打包成块三个步骤。重点是通过参与节点之间的新闻共识机制来交叉验证新闻的真实性，只有通过区块链中多数节点验证的新闻才可以写入区块，被正式发布。发布者的身份将与新闻同时被写入区块链，这对于事后追溯新闻的源头提供了可信、快捷的方法，有力地减少了虚假新闻甚至谣言的传播。

5.4.3.3 案例介绍

目前，应急管理领域的区块链应用还处于探索之中。

在消防管理领域，广州安信科学携手四川巨祥消防，将区块链技术应用于消防管理领域，探索基于区块链的智慧消防。在消防设备不断数字化、网络化的基础之上，引入区块链技术实现设备可信连接、数据上链，实现消防的可信管理。同时，利用区块链的分布式协同能力，搭建消防设备与系统之间的数据安全可信共享体系，提升消防管理中的风险预警、应急处置协同效率。

另外，逐步探索应用区块链技术建设“国家级综合应急管理协同平台”，该平台从顶层设计开始，以国家、省、地市和县相关应急管理部门作为协同平台的区块链节点，形成一个扁平化的、数据横向和纵向深度共享的应急管理协同平台，为搭建应急一体化体系奠定基础。

5.5 基层治理

5.5.1 智慧社区

5.5.1.1 现状与痛点

社区是社会治理的落脚点，也是城市治理的重要载体。2000 年开始，国务院要求在全国范围内逐步形成社区管理体制，将原有的街道办事处、居民委员会的管理体制进一步完善和规范化，形成了以街道办事处、居民委员会为主的基层管理组织架构，承担管理社会事务和提供公共服务的职能。同济大学韩传峰在《基于区块链的社区治理机制创新研究》中介绍了当前基于社区的治理活动面临着如下三个方面的问题：

首先，社区组织行政化程度高，自治程度不足。随着我国社会经济水平的提升，城市行政区划分和社区基层组织体系不断完善，但是长期以来，社区治理的工作模式仍然完全受制于政府的行政手段，使得社会组织难以参与到社会治理事务中，或者参与进来后自主性受压制，不能发挥应有作用。居民委员会的行政职能过多，导致其无暇响应社区自治需求。

其次，社区管理参与主体多，职责界限不清。目前，参与社区管理的主体涵盖地方政府、街道办事处、居委会等，多元主体的职责界限并不清楚。在社区日常工作过程中也缺乏有效的组织运行机制和监督手段，街道办事处的作用也没有得到充分发挥。居委会作为居民和政府之间沟通的桥梁，在自组织、独立性、自律性等方面仍存在不足。

最后，社区居民对社区治理参与的主体性和积极性较低。社区治理的宣传力度不足，社区服务缺乏针对性、多样性和广泛性，培育居民参与社区治理意识的难度较大。长期以来，社区居民习惯性地将社区治理视为政府、居委会等机构的工作，认为与自身关系不大。另外，也缺乏有效的社区治理参与途径，导致居民行使社区议事权和监督权困难，久而久之，居民的社区自治意愿消减，使得社区治理效果难以明显提升。

5.5.1.2　解决思路

党的十九届四中全会将坚持和发展新时代“枫桥经验”，作为坚持和完善共建共治共享的社会治理制度的重要方面，随之出现了网格化社区治理模式。“网格化”社区管理是我国社会治理方式的创新，也是实现精准化社区治理服务的重要方式。将各部门“人、地、事、物、情、组织”等要素纳入“一张网”，涵盖社区服务、垃圾分类、治安管理、风险预警、基层党建等诸多领域，实现多格合一、多网融合。积极应用智能终端等新技术赋能基层治理，可以在降低人力成本的同时，大幅提升社区治理效能，形成“公众参与、社会协同、上下联动、人人有责”的共建共治共享的社会治理新格局。

社区治理中的各类事务需要在居民、社区组织、政府之间协调商定，而社区治理协商要遵循民主原则，通常采用听证会、重大事项表决等形式，流程复杂且难以确保所有居民的参与度。区块链具有分布式可信协同能力，可以将政府部门、街道办事处和社区中心（居民）接入社区治理网络，将绝大部分社区事务通过上链实现完全公开、不可篡改，同时利用智能合约自动可信方式执行相关事务协商流程，提高社区治理事务处理效率。

区块链对每个个体的参与行为进行可追溯的记录，完善了社区治理内主体的激励制度，鼓励社区居民参与到社区事务中来，也起到了“专业人才引进”的作用。使用区块链建立激励机制后，居民参与社区治理，可获得社区积分奖励，并可以抵用社区公共服务费用。目前，社区工作人员薪酬福利较差、晋升通道较狭窄、考核方式较单一，导致社区治理激励效果微弱，降低了社区工作人员的积极性和主观能动性。针对工作人员，可以依据链上存储的工作记录，运用量化考核方法，设立服务水平星级晋升通道或表彰机制，完善薪酬调整机制，做到奖惩与工作情况对应，提升工作人员的工作成就感，充分发挥工作人员的主观能动性。

区块链账本具有分布式一致性、不可篡改等特征，可助力实现穿透式监管，适用于社区治理事务处理全过程的监管。区块链有助于建立内部组织监督与外部群众监督相互沟通、互为依托、形成合力的监督体制。应用区块链技术对社区治理事务的各个环节进行可信记录，以定期抽验、随机抽查等方式，形成完整的信息链条，提升事前、事中、事后监管能力，从而构筑智慧化、专业化的社区治理系统。基于区块链技术搭建社区电子可信选举平台，充分实现社区各类选举公开、公平和公正。例如，民主选举成立受居民监督的社区监督委员会和成员代表会议，选民可以从区块链上实时获取选举信息，以达到民众监管的目的。定期对政府和社区的部门及人员进行民主评议考核并向上级备案，作为干部任免和评优的依据。

5.5.1.3 案例介绍

广东省佛山市禅城区利用区块链技术打造“共享社区”来解决居民互信的问题，使用区块链 App 登记发布社区居民可共享的资源和所需的服务，实现供需智能匹配对接，同时利用大数据技术，进一步优化匹配对接服务。将区块链技术和分布式数字身份应用于共享社区平台建设，实现公民与其虚拟身份的一一对应，确保电子身份真实可信。禅城区以区块链为驱动，通过 IMI 身份认证系统进行实名注册，可以快速确认社区人员的数字身份、信用记录等信息，建立社区居民之间、社区居民与管理者之间更加便捷的信任模式。值得一提的是，基于区块链技术生成社区治理积分奖励和积分应用生态，能够提高居民参与社区治理的积极性，搭建数字孪生的未来社区。

腾讯海纳与微众银行以信息平台为纽带，重塑社区治理各个主体间的信任关系，构建社区居民、物业、街道办事处和周边商业信息、资源共享生态，在社区维修基金管理和社区投票等方面提供了全新方案。平台建设由物业、业主委员会、政府、仲裁机构、腾讯等机构构成的社区联盟链，通过公安核实实名认证信息，将业主投票数据上链，投票规则由智能合约自动执行，整个投票过程由区块链做背书，公开透明，大幅提升了社区投票的公信力和社区治理效率。

5.5.2　乡村治理

5.5.2.1　现状与痛点

随着我国农业、农村现代化建设进程的不断深入，农村过去的治理模式已经不再适合经济高速发展的要求。2019 年 3 月 8 日，习近平总书记参加十三届全国人大二次会议河南代表团审议时，就实施乡村振兴战略强调指出，夯实乡村治理这个根基。探究使用互联网技术解决传统的乡村治理存在的问题，对于乡村振兴战略的发展有着重要意义。

改革开放以来，我国乡村面貌发生了巨大变化，农民收入不断增加，生活设施、居住环境、文化生活等方面都在不断改善。在这样的背景下，原有以村委会为唯一乡村治理主体的模式已难以适应新时代的乡村治理要求，需要充分调动每个村民参与的积极性，打造共建、共治的乡村治理新风貌。

通过应用科学技术创新乡村治理手段、模式，使人民群众成为治理主体，实现村民当家做主，进一步促进农村社会和谐稳定。当前，村民自治仍然存在诸多问题亟待探索和解决，乡村基层民主选举、协商、监督难以有效落实和推进，影响村民的自治参与度与积极性。因此，应坚持以德治为指导、法治为支撑、自治为目标，从根本上厘清、落实自治、法治与德治的关系，充分发挥村民自治作用，将村民自治“坐实”。

5.5.2.2 解决思路

由于农村相对城市来说是一个比较紧密的群体，是一个“熟人社会”，人们大多数时候更注重“人情”和“面子”，因此乡村治理不同于城市治理，在强调法治的同时，需要更注重德治，需要提倡和引导自治。

首先，建立乡村激励共建机制，应用区块链透明公开、分布式的特点，以村委会、德高望重的群体和组织为主要节点，构建一个村规、民规自动化的村户积分系统，使奖励、惩罚记录公开透明化，将村委会、村民、村户、农村网格员等有机地凝聚在一起。

其次，整个系统平台实行实名制，让每个村民都拥有自己的数字身份，每个人的诚信痕迹都和这个数字身份紧密关联，而且获得的积分可以兑换成旅游产品、优质农产品等实用商品。

最后，逐步建立形成乡村共治体系。将区块链思维与乡村产业治理相结合，将乡村产业发展与乡村治理相结合，组织引导农户、农民共同参与乡村发展的决策，改变传统单一主体做主的乡村治理思维，使用合理的激励机制，在乡村治理、产业发展等问题上群策群力、民主决策，促进乡村产业的发展。同时，乡村治理的决策者要彻底抛弃过去的乡村治理思维，积极拥抱新的治理模式。

5.5.2.3 案例介绍

杭州市萧山区戴村镇积极探索区块链在乡村治理领域的应用。“映山红”乡村治理将区块链和村庄治理相结合，每个村民都具有唯一的数字身份，个人数据可以自愿上报到区块链乡村治理平台，使得平台可以生成准确的村民画像。以村内招募志愿者为例，志愿者的区块链积分至少要经过四五个程序检验通过后才可以上链：首先，根据签到、签出的工作时长作为基础分；其次，加上认证的负责人监督打分和镇政府抽查打分。此外，村民也可以给卡扣执勤人员评分。在多维度的分值被记录在链上后，由积分模型采集汇总形成志愿者画像。该分值可以让村民在售卖农产品、村里项目用工、租赁民居、享受公共服务等方面都享有优先权，激励村民志愿者积极参与乡村治理，逐步形成人人可信、人人互助、人人爱村的乡村治理氛围。

贵州清镇市凤山村在乡村治理探索中应用区块链技术，不断激发村民参与治理的积极性，改善村民间、村民和政府之间的信任关系。当地村民通过身份链获得唯一的数字身份，每个人的诚信行为数据、诚信积分都与其身份 ID 关联。村民的个人信息、行为信息、农业生产信息全部存储在链上，村民的林权、土地权、房屋权等资源数据也能够通过链上身份进行精准管理。同时，村民所在的合作社的信息也可放在区块链上进行管理，多维度构建村民信用，为开展农业金融信贷提供支撑，助力农村产业发展并将发展成果同村民共享，提升村民获得感。

5.6　网络治理

5.6.1　网络交易监管

相较于欧美国家，我国的电子商务起步较晚，但发展迅猛。从 20 世纪 90 年代开始，中国电子商务的发展速度和规模可谓惊人，其间诞生了淘宝、京东、网易等多家大型的电商企业。其根本原因是我国巨大的消费群体被充分挖掘，同时也因为我国移动互联网的快速发展和大面积普及。根据前瞻产业研究院发布的《中国移动互联网行业市场前瞻与投资战略规划分析报告》，截至 2020 年年底，BAT（百度、阿里巴巴、腾讯）的渗透率超过 90%，这说明我国电子商务的发展已经进入了全新阶段。

5.6.1.1　现状与痛点

在现有的电子商务治理模式下，一旦发生交易纠纷，取证的责任往往落在消费者身上，而消费者往往缺乏方便、有效的手段对电子证据进行固化。即便消费者可以采用截图、录屏等方式进行取证，但是这些电子证据无法形成有效的司法证据，很难判断证据是否具有真实性。

与此同时，2019 年《电子商务法》的出台，对电子商务平台经营者的监管责任提出了更高的要求，这一要求明确规定了电子商务平台经营者在发生纠纷时负有的法律责任。

近年来，无论是普通的消费者还是相关政府监管部门，都积极支持电子商务的发展，并从中受益颇多。但电子商务作为一个发展迅速的行业，其监管水平远远落后于发展速度。网络交易信息具有隐蔽性、复杂性和多变性的特点，仅仅依靠监管部门的监督或者电子商务经营者的自律远不能面面俱到，只有充分发挥消费者的监督作用，才能形成共同监管、全面治理的局面。因此，为消费者提供行之有效的监管手段和取证工具，并充分发挥电子数据作为证据的价值，是建立网络交易监管机制的关键。

5.6.1.2 解决思路

2019 年 10 月 14 日，《最高人民法院关于修改〈关于民事诉讼证据的若干规定〉》中明确，当事人以电子数据的形式提交的证据，通过电子签名、可信时间戳、哈希值校验、区块链等技术手段来收集、固定和防篡改或者通过电子证据平台认证，应确认其真实性。2021 年 8 月 1 日，最高人民法院发布的《人民法院在线诉讼规则》正式生效。该规则第十六条至第十九条规定了区块链技术存储证据的相关规定，首次明确了区块链存证的效力，这为法律诉讼中的电子数据效力提供了法律依据。区块链具有其上数据不可篡改、全程可追溯的特点，能够将网络数据进行存证形成电子证据，发挥其天然的公信力，确保监测数据可追溯、可证明、可信赖。

首先，区块链技术特性决定了电子数据一旦经过取证环节上链存储后，就不可能再被任何人或者组织单方面中途篡改。不可篡改的特性可以从技术上保证电子证据被采集的那一时刻是具有可靠性的，也就是说，当时存储的电子证据从存储的那一刻，就是它本来的样子。当然，我们还需要对链下电子数据的来源采取一定的验证手段，确保电子数据来源的真实性，比如采集证据的时候通过区块链智能合约技术，经过多个节点对其来源进行验证，确保数据的可靠性。例如，对 URL 网址（统一资源定位系统）的取证，区块链节点可以同时比对 ULR 返回结果是否一致，在一致的情况下才认可该电子数据的真实性，然后上链存储。

其次，区块链的可追溯机制，决定了电子数据的唯一性。在违法经营者对电子数据进行修改，并且试图重新存证的情况下，通过区块链技术可以轻易分辨证据的先后顺序，找到最先被存证的电子证据。这最大程度地避免了各说各话、各执一词、难以分辨真假的情况发生。

最后，通过建立联盟链，引入司法机构作为联盟节点，可以实现电子证据在法律意义上的有效性认定，极大地提高了网络交易监管和司法审判的效率。电子证据从取证、存证到验证的全过程，对司法机关和公证机关全面透明公开，电子证据被采集的那一刻，就具有充足的法律效力，省去了传统流程中烦琐的证据认定流程，对开展互联网司法业务具有重大的推动作用。

5.6.1.3　案例介绍

在监管领域，链城数字科技有限公司建设了我国市场监管系统首条联盟区块链、全国首个市场监管区块链电子取证固证平台，该平台是国家市场监督管理总局委托浙江省市场监督管理局打造的电子商务信用建设工程（网络交易监管平台）——电子证据管理系统。该平台应用区块链技术构建“市监链”，能够将证据能力覆盖到每一次监测行为上，实现穿透式监管，弥补了机构监管、功能监管和行为监管等传统方式的不足，能够提升网络市场的监管能力和风险预警及控制能力，有助于加强网络空间治理体系建设，持续优化网络营商环境。

该平台通过三种方式取证固证：网页取证、过程取证和移动端取证。行政执法人员可以使用网页或 App 等获取信息固证，实现电子数据的证据化，增强司法效力，提高监管效率。平台取证固证首期覆盖全国重点平台 20 余家，包括京东、淘宝、天猫、微店、苏宁、拼多多、京东全球购等，平台内经营者 1 万余人、重点品牌 500 余个、商品 10 万余件；平台上线后一年内累计线索量 240 余万条，累计固证量 280 余万条，实现商品下架 70 余万件，为数百次行政执法处罚提供司法出证服务；该平台已可为山东、吉林省市场监督管理局的行政执法干部提供取证固证能力。未来联盟链可以跨链接入互联网法院等节点，建立与法院的数据互信，为线上执法、线上案件处理提供技术支持；并拓展到市场监管领域多个应用场景，支持药品溯源、知识产权保护、交易监测、电子证照、合同行为等多种上层区块链应用。

5.6.2 网络安全治理

5.6.2.1 现状与痛点

随着互联网行业的快速发展，网络应用场景的不断丰富，网络数据的进一步扩大，相关的安全风险和安全事件层出不穷。例如，近几年，网络电信诈骗、个人隐私泄露等事件层出不穷，给互联网发展与治理带来巨大挑战。国家互联网应急中心（CNCERT）编写的《2020 年我国互联网网络安全态势综述》显示，2020 年，CNCERT 协调处置各类网络安全事件约 10.3 万起，大量网站被植入后门、被篡改，DDoS 事件层出不穷，以 P2P 传播方式控制的联网智能设备数量非常庞大，达到 2299.7 万个。另外，移动互联网恶意程序数量增长 8.5%，达到 303 万个。在网络安全形势日益严峻的情况下，各国政府和机构纷纷探索网络安全治理的新技术手段和解决方案，CNCERT 也采取了多样化的整治措施，取得了一定成效，但仍然面临巨大的网络安全压力。区块链作为一种多种技术的综合应用范式，提出了一种新型的安全思路和模式，在构建基于设备和数据的信任方面将为网络安全治理提供重要应用价值。

网络的组成是由各类网络设备和软件共同支撑的，这些设备和软件难免会存在一些漏洞或弱点。一旦这些漏洞和弱点被攻击者（黑客）所掌握，攻击者就有可能对网络进行操纵和破坏。因此，不断增长的安全漏洞数量给个人和机构带来了巨大的网络安全隐患。

在网络安全治理领域，数据泄露仍然是网络安全风险最大的来源。随着数据增量的不断提高，大数据技术的不断深入发展，数据交易逐渐常态化，数据带来的衍生服务逐渐体系化，在巨大数据价值的吸引之下，许多政府和企业的核心数据正面临内部和外部的双重威胁。2018 年 3 月，Facebook 数据泄露事件轰动全球；2019 年年初，一款名为 RobbinHood 的勒索软件针对 Baltimore 数据网络进行攻击，造成至少 1820 万美元的损失；2020 年 3 月，有大约 5.38 亿新浪微博用户的个人信息被人以 0.177 比特币的价格在暗网出售。这些事件不断发生，导致人们对互联网服务提供商在网络安全治理方面的能力提出了质疑，亟须新的手段重拾人们对隐私数据保护的信心。

除数据泄露带来的风险外，各类恶意网站也是安全隐患的重要来源，恶意网站作恶的手段主要有网页仿冒、网站后门和网页篡改三种形式。国家互联网应急中心在 2020 年披露的监测统计结果显示，2019 年三种类型的恶意网页数量分别约为 8.5 万个、8.5 万个和 18.6 万个。

5.6.2.2　解决思路

区块链具有防篡改的特性，基于区块链技术平台可以建立一种绝对可信的身份认证机制，保障整个网络内个体的私有数据分发及认证安全。无论采用什么形式的通信网络，都可以使用区块链技术来改善边缘网络设备之间的通信安全并且不影响通信的性能。

区块链技术可以利用其链上数据唯一性的特点，对软件更新和下载进行有效性的验证。针对恶意程序，如木马、病毒和有害脚本等，区块链技术可以应用在软件下载网站、软件商店和软件更新服务器，使用户可以验证即将下载的软件和更新的排他性哈希值，从而极大地降低被恶意程序感染的风险。

区块链可以实现网络数据的保护及信息的完整性。当黑客尝试摧毁一个区块链系统时，它不得不对整个区块链网络进行攻击，对于分布广泛的区块链系统，这意味着黑客需要入侵分布广泛的计算机以获取区块链系统超过一半的算力才能实现，要实现这种攻击，需要付出高昂的代价，显然，当衡量攻击成本和收益不对等时，攻击是非常不划算的，攻击就没有任何价值，这也在很大程度上限制了恶意攻击发生的概率。

区块链可以有效抵抗网络中的 DDoS 攻击。DDoS 攻击也就是拒绝服务攻击，它通过在短时间内制造大量的访问请求，向攻击目标的核心服务器发起攻击，从而导致系统服务中断或系统瘫痪。对于中心化系统而言，提供中心化服务的服务器地址是有限的，只要黑客操纵的 DDoS 攻击客户端主机数量达到一定程度，理论上 DDoS 是肯定可以被实施的。但是在区块链网络系统中，每个区块链节点都具有完整的数据集备份，同时可以和其他活跃节点保持数据的一致性，除非黑客可以对区块链网络中绝大部分节点同时进行 DDoS 攻击，否则都不会造成整个系统进入瘫痪状态，但这显然是不容易实施的攻击行为。

5.6.2.3 案例介绍

国外在以公有链为主的网络安全方面的探索较多，如在网络设备通信安全领域，2017 年年底，Xage Security 发布其区块链技术平台，该平台可以保证边缘网络设备的通信和认证安全，可广泛应用于家庭、工业等边缘网络通信场景中。

在隐私数据保护领域，Obsidian 使用区块链技术保护社交媒体聊天软件的隐私通信数据。Obsidian 的聊天软件利用区块链技术保护用户的元数据，用户不需要使用认证方法来使用聊天软件，而元数据是随机发布在区块链上的，因此攻击者无法通过入侵单一节点来收集到用户的所有数据。

在抗 DDoS 攻击领域，Gladius 宣布其研发的分布式、多中心化的“账本系统”可允许用户出租自己的额外带宽，并把带宽的访问权限上传到区块链上。如果自己的网站受到 DDoS 攻击，出租的带宽可以缓解 DDoS 对网站的攻击。

5.7 诚信治理

5.7.1 信用建设

5.7.1.1 现状与痛点

我国社会信用体系建设虽然取得一定进展，但与我国社会经济发展阶段的内在诉求还有较大差距，主要问题包括：征信系统尚未完善，信用激励和惩戒机制尚不健全，社会的整体信用水平仍有待提升。

5.7.1.2 解决思路

区块链是天然的“信任机器”。在高度发达的数字社会中，无论是政府、社会组织，还是个人都拥有一个基于区块链的唯一数字身份，在保证数据安全和个人隐私的前提下，可以应用区块链技术推进政务、司法公信力建设和商业、社会信用建设，最终通过区块链技术融合四个领域，形成一个覆盖全社会的信用体系。

华中科技大学张毅发表在《人民论坛·学术前沿》2020 年第 5 期上的《基

于区块链技术的新型社会信用体系》一文提出了系统信用的概念，它区别于人类历史上先后出现的基于关系和契约产生的社会信用机制，是在区块链架构之上以数据和算法为基础，作用于人类社会与数字社会交织共融的广域社会空间中的新型信用机制。区块链技术不仅是一种技术创新，而且具有改变整个社会运行方式的潜力，也因此被认为是一种颠覆性技术。这里的系统信用就是应用区块链技术，借助密码学、时间戳、共识算法、智能合约等技术，构建一种基于“算法”信任的系统，实现信息全程可追溯和不可篡改。基于该系统，交互双方不必知道对方的身份即可建立信任，由此大幅降低建立信任的成本。

5.7.1.3　案例介绍

目前，我国主要以政府为主导开展信用体系建设，各省（市、区）都建设有官方信用网站，基于企业法人和自然人在政务领域的各类数据进行信用评价管理等。因此，通过丰富的公共信用信息形成的“信用画像”可成为“信用+公共服务”应用模式探索的重要手段。首先，建立信用画像采集模型。基于区块链和安全多方计算技术实现数据“可用不可见”的能力，访问散落在各个部门的信用画像数据源，从而形成完整的信用画像。为企业、机构提供信用服务，充分挖掘信用资产化、价值化应用，进一步激励社会成员、组织机构从自身做起，提升整体社会的诚信水平。其次，基于区块链系统提供的数据共享特性，将动态完善的信用画像应用于惠民服务，为社会成员提供各类信用服务产品。

2020 年，北京市社会公信建设促进会牵头推出“融信链”平台，通过“技术信任+信用监督”的“双信合一”模式构建“区块链+信用监督+法律”的创新型服务模式。该平台“信用监督”服务有助于缓解小额经济纠纷，因为此类案件维权成本过高，即使胜诉也可能要付出过高成本，给维权方造成较大压力，使得人们不愿意维权，最终不利于提升社会整体信用水平。“融信链”平台有利于全面增强全社会的信用意识，减少因失信行为带来的经济损失和日常生活不便。未来，该平台将对接互联网法院、公证处、律师事务所等机构，提升平台司法效力，拓展平台应用范围，推进“区块链+信用”应用。

在国外，加拿大皇家银行探索基于区块链的信用积分自动化，可以利用浏览历史和预测数据等比现有信用评级系统更多的数据源自动生成信用评分，在改进贷款流程的同时，实现记录的不可篡改。具体而言，该系统采集市场信息，依据现有积分数据，分析如何提供贷款。用户一旦提交贷款申请，该系统可以自动确定合适的贷款方案及债权人，然后生成专有的智能合约，确定贷款条款后放款。

5.7.2 联合征信

5.7.2.1 现状与痛点

近年来，随着互联网金融的发展，我国的消费信贷规模保持快速增长。当前，我国商业应用的个人信用数据主要来源于中国人民银行征信中心、第三方机构和百行征信。这三大数据提供方各有特点，中国人民银行征信中心是官方机构，主要收集个人金融机构信贷信息、公积金数据和法院系统信息等，数据相对较为单一，难以形成完整的个人信用画像；第三方机构数据来源更加多样，但不成体系，且数据共享难度大、意愿低；百行征信的数据主要来自八大股东旗下的电商平台、社交平台、金融集团和服务公司等，其他六家相较于阿里巴巴的芝麻信用和腾讯的腾讯征信，数据维度少，这些公司内部数据格式、标准的差异也阻碍了征信数据的共享共用。一方面，三大数据提供方之间存在数据共享需求；另一方面，它们也都需要向银行、保险机构、公安部门、政府公共服务部门等获取数据。征信机构不仅需要从政府部门获取相关数据，还需要从互联网平台或数据交易平台获取数据，但客观上，每个数据源都是一个数据孤岛，各方之间要想进行数据共享是非常困难的。如果只是通过目前一些中心化数据交易模式来获取数据，就会导致数据沉淀，显然不符合数据所有方的利益。而且中心化数据交易模式不能很好地解决信息被盗取、篡改的风险，这都是亟待解决的问题。

目前，我国虽然已经出台了《征信业管理条例》，但对于中小微企业缺少具体细则，导致信息采集、使用等环节的边界不清晰，使得政府、企业和征信机构的工作缺乏依据，难以开展。

5.7.2.2 解决思路

随着互联网的快速发展，以互联网金融为代表的新金融模式发展迅猛，个人借贷和投资理财得到大范围普及，同时存在的问题是大量虚假、重复的信息在网络中泛滥，相互冲突、相互割裂的数据必然会推高全社会的信用成本，这不符合征信系统的真实性要求。区块链以其分布式、可信存储的特点成为改善当前征信系统的有力技术手段。利用区块链构建个人信用联合征信平台，可以整合分散的个人信用数据，应用基于区块链的数字身份及链上数据不可篡改、可追溯的特性形成个人信用的真实数据源，为银行和社会提供个人信用评估服务，助力完善个人信用消费机制，构建个人信用制度，激励消费者建立、维护良好的个人信用形象，推进社会信用体系建设。

区块链有助于优化现有的征信体系。当银行对客户进行 KYC 时，可以给客户分配一个唯一的分布式数字身份，将客户信息和其数字身份核实对应存储到链上，在链上的其他银行可以申请共享该客户的数字身份。当客户在该银行进行 KYC 时，通过共享的数字身份即可完成验证，一方面提升了客户使用体验；另一方面避免了重复的 KYC 工作，降低了合规成本。同时，银行也可以通过隐私计算技术对链上相关业务数据进行分析、监测，发现交易异常时即可触发相关风险控制措施。在基于区块链的征信模式中，征信机构可以安全共享各自的征信数据，实现数据使用权的互惠互利。同时，利用区块链可以给征信机构的信用数据和信用评估报告增信，有助于提升征信行业的服务质量。

针对敏感数据如住房公积金、社保等，区块链可以实现个人敏感数据交易的隐私性。在敏感数据交易前会向个人终端发送消息，在得到本人授权以后，会把授权信息加密后记录到链上，记录不可篡改，如果个人否认交易，可以把授权信息解密做公正处理，保护供需双方的合法利益。平台获得个人授权之后，卖方的客户端才会监听到购买数据的请求，这样卖方就可以把数据查询出来，提供给买方。如果本人不同意这次数据交易授权，那么卖方就得不到这个购买数据请求消息。

5.7.2.3 案例介绍

在我国，联合征信仍是一个刚起步的应用领域，与区块链的结合也处在探索阶段。随着技术的发展，征信数据使用的范围不断扩大，从传统的金融领域，扩展到运营商、政府机构等。

2020 年 9 月，杭州趣链科技有限公司为中国人民银行南昌中心支行建设基于联盟链的江西省金融业数据共享平台。该平台依托区块链技术作为底层基础设施连接中国人民银行南昌中心支行、江西省内金融机构、江西省内政府部门，建立金融机构与政府部门间的金融数据共享通道，依托区块链难以篡改、可信存证、可追溯的特性实现对业务数据、操作行为等关键信息存证溯源，结合安全多方计算等前沿技术建立完备的数据隐私保护机制，确保数据交换的安全性与隐私性，在保护各方数据隐私的前提下，实现数据的“可用不可见”共享。目前，该平台已连接中国人民银行南昌中心支行、江西银行和赣州银行等多家金融机构，以及江西省信息中心等政府部门。该平台支持在数据安全共享的基础上搭建丰富的业务应用，充分释放数据价值。该平台已开发完成企业收支流水报告共享、农户信用信息联网核查场景，农户信用信息联网核查场景已在江西省萍乡市上线并计划做全省推广。

5.8 区块链监管

5.8.1 现状与痛点

区块链技术随着比特币的快速发展而兴起，起初以技术极客为主的群体崇尚比特币带来的颠覆性改变，渐渐地有些技术爱好者和专家发现了比特币背后的技术精髓——区块链。在区块链技术还在萌芽之时，其天生携带的金融属性就逐渐被释放。然而，迅速发展后产生了诸多问题和风险。例如，出现很多打着区块链和数字货币旗号的非法金融活动，给我国社会稳定带来潜在风险；同时，类似比特币、Libra 的跨境金融基础设施对我国外汇、反洗钱管理产生冲击，对我国金融安全带来一定的挑战。

众所周知，区块链具有匿名性、难篡改、难删除的特性，尤其是公有链是完全公开透明的，这给监管带来了巨大挑战。技术是中性的，但是如果利用区块链传播政治有害信息、网络谣言等，则不利于区块链技术发展。“北大岳昕”事件、“疫苗之王”等言论被写入公有链进行传播，产生了很多负面效应，对我国网络内容监管和意识形态安全产生了不利影响。

区块链技术是价值互联网的核心，其遭受恶意攻击的频率和风险也是前所未有的。2015 年以太坊平台上线后，为区块链技术应用提供了通用平台支撑。国外公有链发展迅猛，但总体上处于无监管的自由发展阶段，出现了大量的金融诈骗、资产被盗等问题。而我国区块链应用还处在初期阶段，主要发展联盟链，对公有链的发展采取限制策略，因此各种安全风险尚未充分显现，但需要做到未雨绸缪。

5.8.2　解决思路

区块链的监管是一项系统性工程，需要改变监管理念，从政府到基层，从上至下逐步调整并适应区块链分布式发展的思想。需要建立弹性的监管政策机制和框架，通过行业标准、产业标准、国际标准，将区块链技术与大数据、人工智能、云计算等技术综合应用，实现“以链治链、全链监管”模式，探索建立既能适合区块链发展的监管技术，又能实现高效监管的机制。

5.8.3　案例介绍

在我国，区块链技术与应用发展以联盟链为主，早在 2018 年，浙江省网信办就与浙江大学区块链研究中心、杭州趣链科技有限公司联合成立浙江省区块链技术研究院，进行区块链监管技术方面的研发。2019 年，国家互联网信息办公室发布并实施《区块链信息服务管理规定》，明确了区块链信息服务是指基于区块链技术或者系统，通过互联网站、应用程序等形式，向社会公众提供信息服务，并且明确了采用备案制对各类区块链服务进行监管。截至 2021 年 6 月，全国共注册备案区块链服务超过 1200 个。2020 年 5 月，区块链监管国家标准《信息安全技术　区块链信息服务安全通用要求》获批立项。

同时，我国密切跟踪区块链行业发展和风险监测情况，通过法律手段坚决打击打着区块链幌子进行非法活动的行为。2017 年 9 月 4 日，中国人民银行等七部委联合发布《关于防范代币发行融资风险的公告》，对国内首次币发行

（Initial Coin Offering，ICO）项目和数字货币交易所进行全部禁止和关停清退。2021 年 5 月 24 日，国务院金融稳定发展委员会第五十一次会议发布通知，明确打击比特币挖矿和交易行为，坚决防范个体风险向社会领域传递，做好风险防范工作。

在国外，欧美国家也逐步加强了区块链在数字货币领域的监管，如英国首创的监管“沙盒”模式，即在沙盒内，某些企业可以在特定范围内不受相关法律规范的限制，为区块链的创新应用创造可监管、可控、可自由发展的环境。美国以 SEC（美国证券交易委员会）和 CFTC（美国商品期货委员会）为主，对其区块链发展进行监管。从 2018 年 2 月开始，美国监管部门就一直发布新的监管法规，应用现有的金融法律框架，而非出台新的法律，并且批准合法合规的证券型代币上市，批准合法合规的交易所和相关金融产品。同时，美国还表示要严厉打击传统数字代币和相关活动，这表明美国对于数字代币的整体发展已经有了一个较为明晰的法律框架。在这个法律框架下，可以合法合规发展，但如果超出这个法律框架，美国监管单位将会予以严厉打击。

第四篇　探索与实践篇

区块链构建新型社会治理体系

第 6 章

新型社会治理概述

新型社会治理是以信息数字化和数据要素化为核心驱动力，以广泛应用数字化技术和配套规范制度构建数字世界与物理世界孪生互动为基础，从而形成数字化、智慧化、专业化的社会治理能力。随着“互联网+”的应用发展和移动互联网的普及，数字化应用和转型不断深化，对我国社会治理能力提出了新要求。深入探究如何综合应用区块链、大数据、人工智能等前沿信息技术为社会治理赋能，通过数字技术驱动社会治理效能提升是实现社会治理现代化的重要途径。

6.1　政策法规前瞻性指引

2019 年 11 月，党的十九届四中全会在《中共中央关于坚持和完善中国特色社会主义制度 推进国家治理体系和治理能力现代化若干重大问题的决定》中提出了社会治理的公共性、多元性和共同性，并首次明确数据作为生产要素参与社会分配。2020 年 3 月发布的《中共中央国务院关于构建更加完善的要素市场化配置体制机制的意见》中提出，加快培育数据要素市场，推进政府数据开放共享，提升社会数据资源价值，加强数据资源整合和安全保护。2020 年 4 月，国家发展和改革委员会首次明确区块链是新型信息基础设施，基于区块链的新技术基础设施是其中重要的组成部分。2020 年 5 月发布的《中共中央国务院关于新时代加快完善社会主义市场经济体制的意见》中提出，要加快培育发展数据要素市场，建立数据资源清单管理机制，完善数据权属界定、开放共享、交易流通等标准和措施，发挥社会数据的资源价值。2021 年 3 月，《中华人民共和国国民经济和社会发展第十四个五年规划和 2035 年远景目标纲要》提出，迎接数字时代，激活数据要素潜能，推进网络强国建设，加快建设数字经济、数字社会、数字政府，以数字化转型整体驱动生产方式、生活方式和治理方式变革。

2021 年 9 月实施的《中华人民共和国数据安全法》明确了数据分级分类管理及风险评估，检测预警和应急处置等数据安全管理各项基本制度；明确开展数据活动的组织、个人的数据安全保护义务，落实数据安全保护责任；坚持安全与发展并重，规定支持促进数据安全与发展的措施；建立保障政务数据安全和推动政务数据开放的制度措施。同时，对个人隐私数据的保护也被提升到了法律层面。自 2021 年 11 月 1 日起，《中华人民共和国个人信息保护法》开始实施，其明确了自然人个人信息受法律保护，对个人信息保护工作起到了指引作用。

数据作为生产要素的首要条件是确权，但由于数据的无限可复制性，传统信息技术不能真正做到数据确权，而区块链技术却具有独特优势。同时，区块链在数据共享、数据隐私保护方面也具有应用潜力。数字化社会治理的基础是明确数据的所有权、使用权等权益，科学地分配数据权益是新型社会治理建设的重要部分。数据作为新型社会治理的重要载体，相关的顶层设计始终在不断完善中，这将为打造新型社会治理体系和提升社会治理水平提供坚实支撑。2021 年 5 月，国家发展和改革委员会、中央网信办、工业和信息化部、国家能源局联合印发了《全国一体化大数据中心协同创新体系算力枢纽实施方案》，提出建设数据共享、数据开放、政企数据融合应用等数据流通共性设施平台，建立健全数据流通管理体制机制。试验安全多方计算、区块链、隐私计算、数据沙箱等技术模式，构建数据可信流通环境，提高数据流通效率。探索数据资源分级分类，研究制定相关规范标准。

6.2 社会治理数字化发展

我国的社会治理发展先后经历了政府管控、社会管控、社会管理、社会治理四个阶段，逐步形成了中国特色的社会主义社会治理体系。近几年，随着互联网应用到社会的方方面面，数字化社会治理已经具备实现基础。数字化治理主要是指将数字技术应用于政府、企业和社区等治理模式创新中，利用数字技术完善治理体系，提升社会综合治理能力。如表 6-1 所示，以数字化治理为基础的新型社会治理模式在治理主体、治理形式、治理手段等方面与传统的社会治理方式有着明显的不同。

表 6-1 传统社会治理模式与新型社会治理模式对比

对比维度	传统社会治理模式	新型社会治理模式
治理主体	政府为主	政府、市场、公众多元主体
治理形式	局部化、分散化、碎片化	整体化、系统化、精细化
组织架构	层级制	跨层级、跨部门
治理机制	相对独立治理	广泛协同治理
治理手段	以人工治理为主	以信息技术为主

随着“多元化、网格化、精细化”社会治理思路的普及，治理形式从以往的局部治理逐渐向整体化、系统化、精细化方向转变。在多方协作和共治的治理理念指导下，跨层级、跨部门形成可信公平的决策与监管体系，激发各方积极性，建设高效的分工协作机制。

治理手段从以往人工治理为主向以信息技术为主转变。当前，各领域数据正爆发式增长并快速积累，根据国际数据公司（IDC）预测，2025 年全球数据量将达到 163ZB（1ZB=1024×1024TB=1024×1024×1024GB）。信息化建设基本实现了数据上云和初步归集，数据的价值进一步被释放，但也越来越不能满足跨域的数据交互场景的需求。然而，数字化社会治理是一套科学化、系统化的体系，旨在实现高效、安全的数据跨域共享，为实现社会治理的智能化打下基础。利用区块链、大数据等技术手段挖掘数据价值，助力提升社会治理的数字化水平，更好地服务社会公众，成为受到广泛关注的问题。

治理对象从狭义的社会治理管控对象，如企业、个人等单个主体，向以高效、公平地解决问题的应用转变。新型社会治理的对象，可源于社会中涉及效率、服务水平提升和信任问题的各类应用，使社会治理融入社会公众的方方面面，使治理重心下沉，延伸到治理链条的末端，夯实基层治理基础。

数字化社会治理将成为新型社会治理体系的主要部分，体系建设是一个系统工程，不但包括体制机制、相关政策法规，还包括以技术手段构建的、协助决策和监督执行的数字化平台与应用。当前，我国社会治理正处于从信息化向数字化转型的关键时期，新兴技术在此过程中发挥着不可替代的作用。区块链具有不可篡改、可溯源、公开透明等技术特性，对我国新型社会治理体系的底层设施建设具有重要的推动作用。首先，依托区块链的数字身份、数字签名等技术，可围绕社会治理领域构建一套多方参与、安全互信的全新的信任体系。其次，在公开透明的信任体系的基础上，区块链结合隐私计算技术，保证数据的安全和隐私，进一步搭建共识共治的信息基础设施，促进数据共享。最后，基于数据的安全共享和互联互通机制，充分利用数据的生产要素特性，将其广泛应用于各类社会治理应用场景。

6.3　打造社会治理新生态

党的十九大报告指出，“加强社会治理制度建设，完善党委领导、政府负责、社会协同、公众参与、法治保障的社会治理体制，提高社会治理社会化、法治化、智能化、专业化水平。”从现实出发，一方面，要改变传统思维，充分利用科学技术手段为社会治理进行数字化赋能，创新治理模式，提高社会治理的专业化、精细化水平。另一方面，要充分应用区块链、大数据等前沿信息技术，促进数据共享，有效利用多方数据进行分析、预判和决策，提高社会治理的智能化水平。新型社会治理新生态建设以数据融通为先决条件，通过构建数据权属明确、高效流通的多方数据服务平台，支持在政务、民生、公益、扶贫、财政等领域打造多样化的社会治理应用。

第 7 章

新型社会治理应用探索与实践

探索新型社会治理的应用场景和应用模式有不同层面和不同方式。本章由浙江大学区块链产学研团队依据自身的实践经验，选取、整理了代表性的应用成果和应用案例进行介绍，仅供读者参考。

7.1　数据基础服务平台

7.1.1　平台目标

我国新型社会治理体系建设对城市级数据的采集、治理、利用和保护提出了更高的要求，特别是对政务数据的共享、开放及与社会数据的融合方向提出了明确且迫切的要求。近年来，全国各地多个省市打造了各种形式的政务大数据平台，但主要受限于技术条件不成熟，数据的权责确认、大集中条件下的安全隐私保护，以及与社会数据跨网融合应用等问题始终难以解决。为了有效支撑新型社会治理体系的建设，需要探索建立全新的“数据服务底座”，既能充分满足数据共享开放的需要，又能在该过程中有效地保护数据安全和数据隐私，合法合规地充分释放数据作为生产要素的价值。

数据基础服务平台旨在解决城市级数据治理和应用过程中存在的瓶颈问题，提供符合我国新型社会治理体系要求的“数据服务底座”，保障数据依法依规有序地自由流动，促进我国数字经济高质量发展。

数据基础服务平台是国内首个系统性地提出对政务数据“确权、共享、定价、交易”的平台，该平台有效地解决了传统平台数据共享过程中所面临的数据多源采集困难、数据可信传输、数据安全使用、数据交易监管等问题，保障数据采集、存储、运算、管理、使用全流程的安全性，保护隐私数据不被泄露，真正实现了数据可用不可见，推动了数据资源向数据资产转变，赋能社会治理数字化转型。

数据基础服务平台利用区块链技术不可篡改、可追溯等特性，实现分布式政务数据可信共享，政务数据权属边界清晰，数据可交易、可监管、可审计等，为监管提供可靠基础。另外，应用智能合约和预言机技术，使多方共享合作的规则框架透明化、程序化，充分保证数据协同的合规性和透明度，提升监管的便捷性、及时性和监管效率。基于区块链的数据基础服务平台能够有效地解决传统数据大集中方式存在的主要痛点，利用区块链和隐私计算技术，实现“数据不动、模型动”，打消数据方“不愿共享”“不敢共享”“不能共享”的顾虑，在保护原始政务数据安全和公民隐私的前提下，能与社会数据进行共享、交易和融合，释放数据生产要素价值，实现全面精准的数据监管。

数据基础服务平台是基于区块链和隐私计算等技术构建的数据服务和监管平台，它可以转变传统大数据职能的中心化架构，拓展大数据中心的数据访问能力，将大数据中心作为重要的数据协作节点，形成一个分布式数据可信协同网络，在保证各数据权属边界和隐私保护的同时，实现数据跨部门、跨行业、跨区域共同维护和联合挖掘，提升业务协同办理效率，同时也为社会治理中的风险防控、公共安全数据的联合研判等新型业务提供有力的数据支撑。通过基于区块链的数据基础服务平台，打通政府各部门之间的数据共享通道，并结合安全多方计算，在保证政务数据安全和隐私的前提下与消费数据、企业数据进行数据合作，为社会治理的各种应用场景提供数据支持。基于该平台构建的数据信任基础，将数据广泛应用于社会治理各领域，发挥各领域、部门数据的价值，提升社会治理的精细化和现代化水平。

7.1.2 建设模式

数据基础服务平台以区块链技术为核心，构建“1-2-3-4”服务模式，即建设一个服务平台，打造两套核心系统，赋能数据中心三层架构，服务四类核心用户。

一个服务平台，即以联盟链、联邦学习、安全多方计算等技术构建省市级数据基础服务平台，通过联盟链将监管方、需求方、供应方、生态方等全部上链，通过联邦学习等框架解决跨域数据流通问题，实现多方共同安全建模，挖掘数据价值，基于分布式数据模型，通过区块链的多方记账与智能合约技术进行数据交易和共享，实现真正的“数据不出本地、价值上链交易”的价值互联新模式。

数据基础服务平台“两核心”系统拓扑示意图如图 7-1 所示。

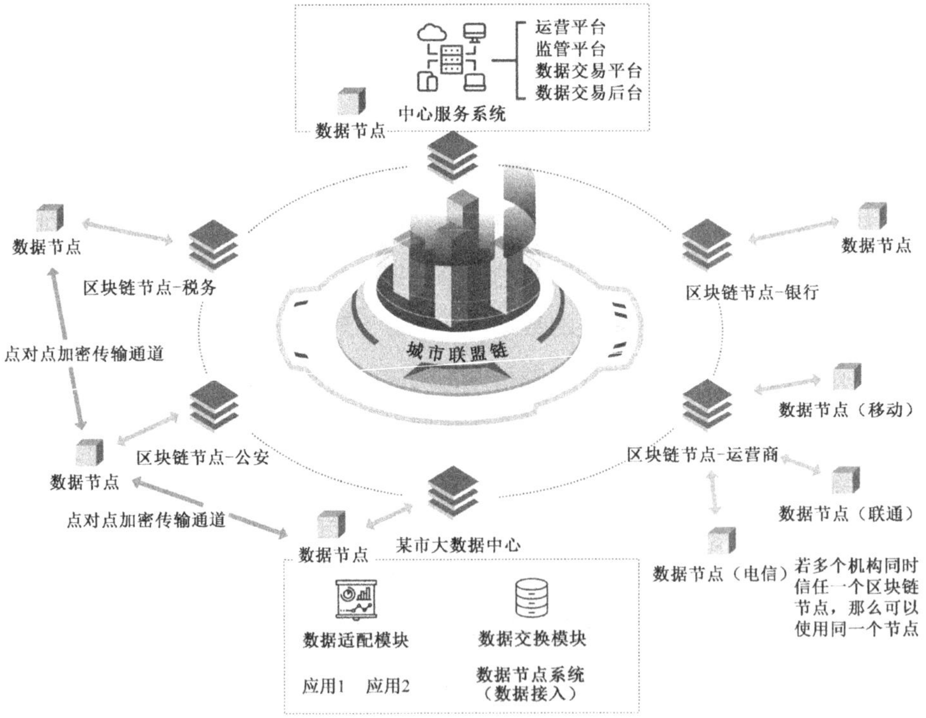

图 7-1 数据基础服务平台“两核心”系统拓扑示意图

数据节点系统运行在联盟链的每个节点之上，将每次交换或交易的数据转换为一个数据通用交换词典库，通过数据压缩技术将交易数据转换为加密的编码，确保交易数据不出链和数据交易的封闭性，大幅降低交易数据报文传输规模，使数据交换速度更快、效率更高。

中心服务系统包括数据交易子系统、数据监管子系统、数据运维子系统。不同的子系统协同工作，实现数据确权、定价、交易、共享等功能的落地。

数据交易子系统作为平台的数据交易和订单系统，数据提供方可以在这里展示数据源的目录、种类和说明，需求方可以搜索、浏览数据源，并根据需求进行选购，生态方则可在平台中提供各类数据工具及能力输出，为数据供需双方提供专业服务。

数据监管子系统是为数据流通监管方机构提供的数据共享审批、审计的监管平台。审批流程是监管方对平台中的交易主体、数据发布、数据描述、数据交易等行为进行合法合规性审查的过程，未通过审查的不能在系统中展示；审计流程主要是监管方对数据交换过程中的详细数据活动轨迹进行审计的过程，并可以随时终止某些不合规的数据共享交换。基于区块链的数据可信能力和合约规划能力，监管方可以在平台上实现自动化、细粒度、穿透式的数据监管。

数据运维子系统是平台运维方用来管理日常业务，保证系统正常、稳定运行的后台系统。平台运维方虽然是支撑数据交易和交换的第三方，但是并不接触双方交换的数据，并且在整个省市级数据基础服务平台中，任何其他节点、监管方，即便是系统开发商、系统管理员或数据库管理员，也无法获取双方交换的数据原文，从而保障了数据的安全和价值。

赋能数据中心三层架构，即数据基础服务平台所赋能的数据中心三个技术架构层，如图 7-2 所示。在基础设施层，将为城市治理提供区块链基础平台，有效为数据基础服务平台提供支撑；在数据基础服务平台层，将有效弥补传统集中式大数据平台或数据中台在数据安全共享能力、数据交易能力及数据流通监管能力方面的不足及缺失，有效建立对数据流通的服务保障；在应用场景层，有效通过数据流通建立业务应用链，承载各类基于数据共享、开放和融合的新型社会治理应用，达到“惠民-促产-善政-利企”的治理目标。

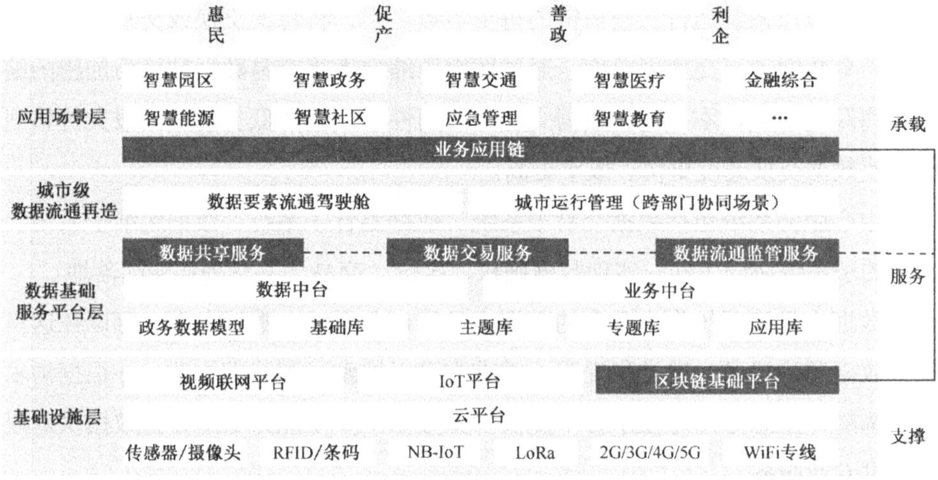

图 7-2　基于数据基础服务平台的智慧城市综合服务架构

服务四类核心用户指数据流通环节中的四类用户，即数据需求方、数据提供方、监管方及生态方。数据基础服务平台通过为不同的用户提供对应的服务功能，建构起一套监管友好、保护隐私、价值交换、生态加持的数据流通体系。

数据基础服务平台为数据提供方和数据需求方构建了安全的计算网格，在该技术中数据的交易和调用通过数据需求方定制的“可信沙盒”传输到数据提供方节点，由数据提供方运行“可信沙盒”并进行计算后返回结果。该技术既保护了数据需求方计算模型的安全性，又实现了数据不出库，从而保护了隐私性。

如图 7-3 所示，在多方参与的数据流通场景中，数据基础服务平台以联邦学习和安全多方计算框架构建数据聚合 PaaS 平台，联邦学习框架用于支持横向学习、纵向学习、联邦迁移学习三种学习方式，同时引入安全多方计算模块，支持同态加密、哈希算法、秘密分享等能力。通过分布式学习的方式，将数据需求方的数据子模型直接加密推送给数据提供方并完成计算，实现“数据不动、模型动”的隐私计算模式，以便在实现多方之间安全可信、充分保护数据隐私的前提下进行数据交易流通。

在数据流通监管方面，数据基础服务平台为监管机构提供了基于区块链的穿透式数据流通路径监管手段，监管方可依托平台对用户、数据服务等进行审核，对数据流通全过程进行监管，包括从供需双方资质、流通行为合规性、数据流通形式的合法性、数据权属转移的可追溯性等多个角度全方位对交易过程进行监管，以确保数据流通合法合规。

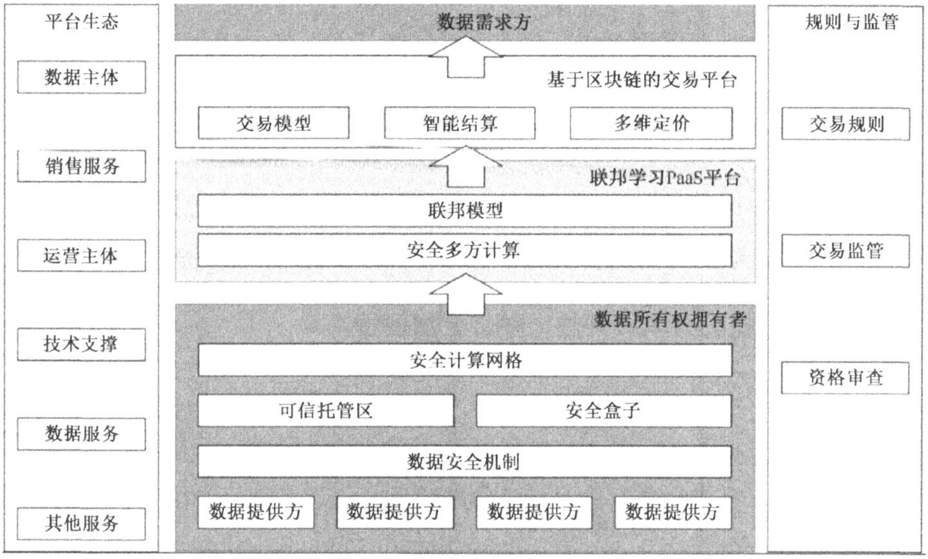

图 7-3　多方参与的数据要素流通框架

7.1.3　平台价值

数据基础服务平台的建设，解决了新型社会治理体系建设中对数据要素流通的核心需求，破解了当前数据流通体系中隐私保护不足、数据安全性差、跨网跨主体融合难的瓶颈问题，具体价值包括如下几个方面。

1. 为数据隐私和安全保护提供保障

一是隐私数据采集安全。对于政务和商业隐私数据的采集，通过部署安全计算网格，确保数据不出库，本地节点计算得到结果后以加密方式传输，实现了数据可用不可见，确保隐私数据不泄露。二是数据传输安全。数据基础服务平台由多个节点组成，共识算法保证多节点数据实时更新、交叉验证，数据真实、准确、可信。三是数据使用安全。数据基础服务平台采用区块链技术构建，每个分布式节点的数据发生变化时，都需要其他节点共同验证并记录，每个细微变化都会由全体节点打上时间戳并记录在案，数据的使用记录、使用结果都将被时间戳真实记录且得到全网公证，确保安全责任界定清晰，实现了数据使用安全。四是数据共享安全。区块链底层平台为每个数据提供方都分配了安全的账户地址，进行后续的身份认证与交易签名，并对账户管理进行权限设置。需要拥有授权密钥的文件方可接入网络和访问数据，且授权过程、共享亦在平台留痕，平台能够提供安全的数据访问逻辑、完整的数据访问追溯，保证数据一致性和不可篡改，充分保障了数据共享安全。五是数据存储安全。区块链公共账本主要记录数据共享的过程，数据仍然存储于各单位本地服务器中，区块链起到判定数据访问控制权限的作用，以确保数据存储安全。

2. 数据确权、共享、开放、融合更加便捷

数据基础服务平台打通了政府部门之间，以及政府和企业、公众之间的数据安全可信交互通道，打破了以往只能单点对单点的低效交互模式。联盟链上任何一个节点，在进行数字签名和身份核验后，通过智能合约能与其他所有节点进行数据安全可信交互，一方面能够通过部门间的共识机制加速推动一批事项自动审批，实现政务业务高效协同办理；另一方面也能为公众、企业与政务部门提供数据交易流转便捷通道，更大限度地发挥数据价值，助推数据资产化。

数据基础服务平台对所有写入的原始数据以水印方式进行标签，并在写入过程中全节点共识见证，确保数据来源清晰。在后续数据流转、交易环节中，数据主体身份、操作历史都带着原始标签，并在数据所有者、生产者和使用者中再次同步共识，参与各方都不能抵赖，确保数据使用记录清晰，实现数据确权，且无任何争议。

3. 实现数据共享中的自动化、透明化和穿透式的监管

以《中华人民共和国数据安全法》《中华人民共和国个人信息保护法》作为数据监管业务设计指导思路，符合国家对数据发展的要求。以区块链技术为基础，将监管措施落实在每笔数据共享业务的审批、追查和审计上，实现穿透式监管和自动化监管，提高监管公信力和效率。

4. 建设运营成本低，扩展性强

数据基础服务平台克服了集中式大数据建设模式高成本、高能耗、高硬件投入的难题，构建了连通各个数据仓库的信息安全管道网格，投入小，实施便捷，运维成本低。同时，基于区块链的节点自治、分区共识、跨链等技术，数据基础服务平台具备很强的可扩展性。新的数据节点可随时加入，动态扩大平台规模。采用分区共识和跨链技术实现同构或异构模式的多级组网，实现省市级数据基础服务平台堆叠扩展为国家级数据平台。通过增加条块管理机制，政务数据共享、交易可以和行业监管实现有机结合。

5. 兼容性强

数据基础服务平台中的基础链系统提供跨网闸（光闸）共识能力，可以在互联网、政务外网、城域网等混合网络环境中运行，支持云部署和物理部署。当数据服务网络中存在不同类型的区块链时，还可提供跨链方案实现组网。实现了云、链、网之间的高效兼容和数据互通，为构建省市级数据服务网络提供了充分的兼容性支撑。

7.2　首个全国性公证联盟运营链

7.2.1　应用背景

随着数字化社会的不断发展，网络应用无处不在，人们在享受网络化带来的各种便捷生活的同时，也面临网络的虚拟性带来的信任难题。例如，近年来，随着共享出行的迅速发展，发生了网约车乘客被侵犯、伤害等恶性事件，网约车的安全问题受到政府和社会的高度关注。为了更好地保障网约车乘客的安全和合法权益，各网约车平台被监管部门要求落实一系列严格的网约车司机审查措施，要求司机提供无犯罪记录、无吸毒史等多项证明。然而，对于很多网约车司机来说，开具这些证明是非常麻烦的，在很多情况下需要异地办理证明，并且要保证这些证明是真实可信的，这些问题对于网约车司机和网约车平台都是难以解决的。

7.2.2 解决方案

基于浙江大学区块链团队产学研合作成果，由宁波标准区块链产业发展研究院作为组织机构，联合杭州、上海、武汉、成都、昆明、北京、宁波等地公证处作为联盟节点共同打造的首个全国性公证联盟运营链（以下简称“信证链”），致力于为广大用户提供便捷的公信力背书服务。在全国范围内，信证链在公证处、政府、企业及司法机关之间搭建起一个可信数据共享和业务协同网络，实现“一地发起，全国协同，数据可信，服务创新”。

以网约车为例，信证链能够有效实现异地无犯罪记录核实。司机无须离开户籍所在地，就可以通过信证链提交无犯罪记录申请，通过信证链上公证处之间的跨地域和跨机构数据协同功能，直接获取带有公证处和区块链双重背书的证明，大大降低了异地办理的成本。除此之外，信证链还可以为异地取证、差旅验真、金融助贷、企业背调，以及查询婚姻、工商、人事、房产、户籍、履历、犯罪记录、学历学位等信息提供便捷的公信力背书服务。

一方面，信证链应用区块链技术将公证处的公信力数字化、网络化，形成价值(可信)互联网的基础设施，推进了公证公信力与区块链技术的双向赋能，以及公证行业链上链下数据的可信协同，解决了数据在上链之前的真实性问题。另一方面，信证链发挥公证业务的专营性、专业性、协同性，推动数据流通、业务创新及运营服务。信证链构建起了真实世界与数字世界的无缝衔接和映射，将真正成为可信、安全、高效的分布式协作基础设施，为数字社会搭建起坚实的信任基石，服务于更高层次的民生与经济需求。

区块链技术在信证链中的作用主要体现在以下三个方面。

（1）可信数据。基于业务需求，公证机构目前可以查询婚姻、户籍、有无犯罪记录等多类数据，此类数据通过公证机构验真后上链，从而形成了数据真实性在链下链上的统一，使上链数据更具可用价值。

（2）异地协同。目前，全国公证行业有近 3000 家公证处，深入县级地域，是国内屈指可数的集业务性、协同性于一体的全国性行业，为数据在异地间可信、安全、高效共享创造了良好的先天条件，有利于运营类业务的开展。

（3）精准激励。通过区块链的精准激励特性，使信证链上的各参与方分别作为业务方、办理方、共识方和运营方分享运营收益，促使各方敢于、愿于、乐于在信证链上创设和办理增量业务，降低信任成本，提高协同效率。

7.2.3　平台优势

相较于现有公证行业已经采用的区块链应用，信证链具有以下三大优势。

（1）监管友好。作为组织节点的宁波标准区块链产业发展研究院是由宁波市网信办作为指导单位成立的民办非企业研究院，致力于研究政策、对接监管、培养人才。

（2）自主可控。与绝大多数区块链产品基于国外开源技术不同，信证链采用完全国产、自主可控的区块链底层技术，从根本上保证了数据安全。

（3）节点透明。通常构建一个联盟区块链网络至少需要四个节点。以往公证处都是作为新增节点加入第三方技术公司已有的区块链网络，其他节点身份不明，存在安全隐患。而信证链中全部的业务节点都是公证机构同行，具有天然的信任基础，透明可信。

因此，信证链的应用可带来三个方面的重要价值。

（1）实现跨省协同。充分发挥公证行业在业务协同方面的天然优势，积极落实国务院、司法部在跨省业务通办方面的要求。通过多地数据互联，在实现学历、学位、驾驶证三类公证业务通办的基础上，再向其他公证业务领域广泛延伸。

（2）拓展业务模式。在传统公证业务发展进入瓶颈的当下，公证行业对于区块链等新技术的认识不能仅停留于表面，而是亟须真正了解、认知它们的核心价值，从而以数据作为生产要素，发展出真正符合互联网商业逻辑的新型公证业务。

（3）支撑社会创新。作为社会公信力的代表，公证行业打造的信证链将通过链上链下协同实现公信力向链上的传导，从而成为新型社会信用体系的基础设施，有力支撑信贷、保理、审计、税务、养老、公益等一系列需要信任的社会创新应用。

7.3 社会综合治理“预警机”平台

7.3.1 应用背景

经济社会的快速发展，对社会治理领域也提出了更高的要求。社会治理综合指挥服务中心是政府相关部门研判社会治理信息，统筹协调社会治理资源，进行决策、指挥、调度的重要工作平台。该工作平台在对特定人员进行社会风险识别与研判时，存在从其他部门获取相关数据难度大、成本高的问题，导致平台不能发挥期望价值。为了解决以上问题，基于区块链的风险行为研判协同社会综合治理“预警机”平台应用区块链和安全多方计算技术，实现数据“可用不可见”，打通民政、信访、医院、电商、公安、水电煤等单位的数据系统，构建高效、安全、可信的分布式协查布控网络，实现对特定社会人员的风险识别和动态管控，并且能够提前发现并识别新的潜在风险人员，在各部门、单位之间实现风险自动识别与协同应对。

7.3.2 解决方案

社会综合治理“预警机”平台应用区块链和安全多方计算技术，以安全可信的方式与民政、信访、医院、电商、公安、水电煤等各个数据方进行数据协同和研判协同，实现对人、事、地、物、情的风险识别和动态管控，并且能够提前发现并识别新的潜在风险和舆情信息，各部门、单位之间能够实现风险自动识别与协同，打造基于区块链的风险行为研判协同社会综合治理的预警机制。

如图 7-4 所示，社会综合治理协同链的参与机构包括医院、电信运营商、燃气公司、社保和民政部门、电商平台等多个数据提供方，通过移动客户端、浏览器或 API 接口形式接入系统中。

社会综合治理协同链运用区块链及多方安全计算技术解决难以从各方直接获取数据进行业务协同的问题，其平台功能架构如图 7-5 所示。

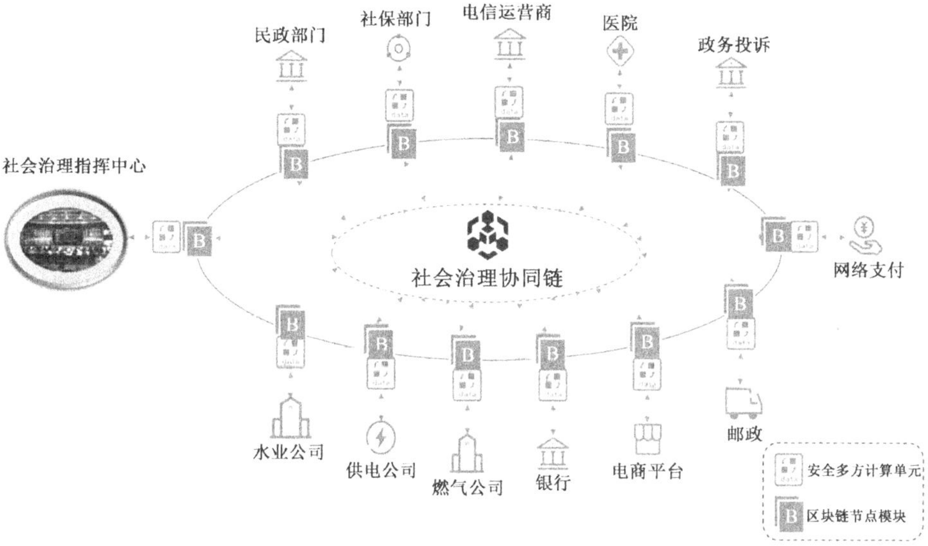

图 7-4　社会综合治理协同链

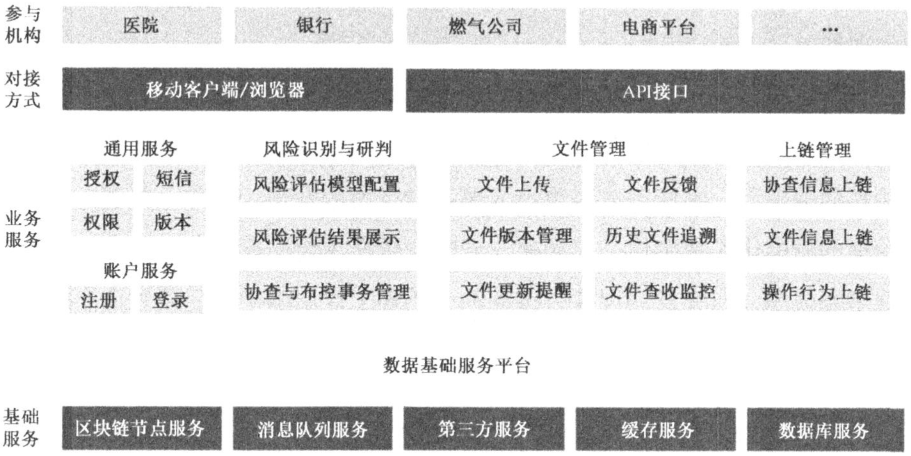

图 7-5　社会综合治理协同链平台功能架构

该平台主要包括基础服务层、数据基础服务平台、业务服务层等。基础服务层提供数据接入、消息排队、缓存和存储功能，保证区块链系统稳定运行。数据基础服务平台主要利用区块链数据不可篡改、可追溯等特性，为上层应用提供跨域的数据可信共享。业务服务层提供通用服务、风险识别与研判、文件管理、上链管理等业务服务功能。其中，通用服务包含账户与节点权限的控制、用户授权、短信服务、版本的记录与升级等。在账户服务中，系统将在合约中对各账户进行权限控制，并提供基本的用户注册与登录功能。同时，区块链可以提供公私钥生成工具，通过私钥对交易进行签名，以核实协查、布控数据及保障各节点返回数据在传输过程中的完整性。风险识别与研判包含风险评估模型配置、风险评估结果展示及协查与布控事务管理，对数据请求发起和接收进行全流程管理。文件管理功能包含文件上传、反馈、追溯、版本管理、更新提醒及查收监控。协查信息、文件信息及操作行为等信息则会上链存储。业务服务连接数据基础服务平台和对接方式，对接方式包括移动客户端/浏览器及API 接口，保证用户更方便地监控和使用区块链系统。

基础服务使用的数据基础服务平台在对外提供的区块链底层服务平台中，包括但不限于分布式记账、分布式存储、拜占庭容错共识模块、EVM/JVM/HVM 智能合约引擎、数据推送服务等功能。同时，数据基础服务平台通过多种 API 与 SDK 对接的方式为上层数据和应用提供服务，为应用开发者屏蔽了区块链底层实现细节。

社会综合治理“预警机”平台实现了对人、事、地、物、情等的全方位监控，可以实现第一时间发现风险、控制风险、化解风险。在保证各方数据安全和隐私的前提下，共同完成对重点人群异常行为的发现、跟踪、处置，促进社会治理的精准化、数字化、自动化。同时，依托由监测所产生的数据和信息，构建事态模型，研究发展规律，推动社会治理工作由事中事后处置向事前预测预警的转变，实现决策科学化、风险防范智能化、社会治理精细化、公共服务高效化，开创在全国具有引领性、标杆性、示范性的共建共治共享社会治理的新格局。

7.3.3 方案优势

1. 创新市域治理，支撑市域社会治理现代化建设

运用区块链技术，紧密围绕市域社会治理建设，聚焦态势感知、风险发现和预警、智能决策，增强社会治理预见性、精准性、高效性，为治理体制现代化、工作布局现代化、治理方式现代化等市域治理现代化建设提供系统支撑。

2. 聚焦风险因素，实现风险深度挖掘和精细化管理

基于区块链+大数据+人工智能算法等新技术，聚焦风险的发现和预警，通过数据基础服务平台对各部门多维度海量数据的深度组合、挖掘和分析，结合风险智能预警算法，识别并预警潜在的风险人员、场所等风险主体；提供可视化风险管控平台，结合基层线下排查核实机制形成风险预警、防范工作管理闭环，用信息化手段完善基层风险预警体系。构建风险管控机制，通过人工确认+协同处理，实现潜在风险的全流程管控。

3. 赋能基层网格，提升综合治理的整体工作能力和服务质量

建设区块链+基层网格，帮助用户建立综合性的网格员能力成长平台，降低学习考试成本，提高学习和考试的效率，快速实现网格员的岗位技能与个人素质提升，从而提升综合治理的整体工作能力和服务质量，进而提升人民群众对政府的满意度。

7.4　危险化学品全生命周期管理平台

7.4.1　应用背景

危险化学品具有易燃、易爆、有毒、有害等特征，其生命周期中蕴藏着巨大的安全隐患，如果不加强管理，将直接威胁到公众生命、财产和生态环境的安全，甚至造成难以挽回的巨大损害。

2020 年 2 月 26 日，中共中央办公厅、国务院办公厅印发了《关于全面加强危险化学品安全生产工作的意见》，明确指出研究建立危险化学品全生命周期信息监管系统，综合利用电子标签、大数据、人工智能等高新技术，对生产、贮存、运输、使用、经营、废弃处置等各环节进行全过程信息化管理和监控，实现危险化学品来源可循、去向可溯、状态可控，做到企业、监管部门、执法部门及应急救援部门之间互联互通。危险化学品需要依照相关法律法规从组织规章制度执行、设施状态实时监控和技术辅助支撑三个方面进行全方位、全过程的安全监督和管理。危险化学品的生产、贮存、使用、经

营、运输、废弃等环节涉及应急管理部门、公安部门、市场监督部门、生态环境部门、交通运输部门、口岸管理部门、卫生主管部门等；对于危险化学品生产和贮存的行业规划和布局，涉及工业和信息化主管部门；对于危险化学品的科研活动，涉及科技、教育主管部门。由此可见，危险化学品监管涉及领域广泛，参与主体关系错综复杂，监管难度大。虽然在不断完善的危险化学品监管体制和法规体系下，相关监管工作取得很大的成绩，各级部门也应用信息化技术建设了多种危险化学品监管应用系统，取得了较好的效果，但依然存在如下问题。

1. 数据及时性与可信性难以保障

目前，危险化学品数据主要由企业定期上报，包括工厂、仓库、运输工具、容器和人员等信息。当数据信息发生变化或者相关危险化学品转移时，监管单位不能及时获知并采取应对措施，甚至数据被轻易修改也无法追溯追责。

2. 监管职能交叉复杂，存在信息孤岛

各部门正在建设或已建成的危险化学品监管信息管理系统繁多，关注点各有侧重，相互之间没有数据共享通道或存在数据更新缓慢、不及时，以及跨部门、跨区域困难等问题，信息不能统一共享、难以协同。

3. 责任不清晰，难以定责

部分危险化学品企业没有落实安全生产主体责任，存在安全措施不到位、从业人员防范意识差、重要环节上有安全漏洞等问题，难以追溯责任主体。

7.4.2 解决方案

利用区块链数据可信共享和多方参与协同的特性，建立高效有序、大规模分布式协作的监管平台。如图 7-6 所示，建立危险化学品生产使用各环节中的各参与方和各级有关监管部门的信息交互渠道，全面涵盖生产、贮存、运输、经营、使用、废弃等各个环节。建立以危险化学品为核心的动态监管模式，改变传统危险化学品监管信息系统以企业为主要监管对象的静态管理方式，以危

险化学品本身为关注对象，围绕危险化学品生命周期内的状态变化，及时收集和发布动态数据，落实企业安全生产主体责任。驱动各个政府管理部门、相关企业和相关人员对危险化学品关联实体、环境、关键环节过程的实时监控与监管，强化多部门联合执法、共同监管，提升危险化学品信息化、网格化、数字化监管能力，实现危险化学品的全生命周期穿透式监管体系建设。

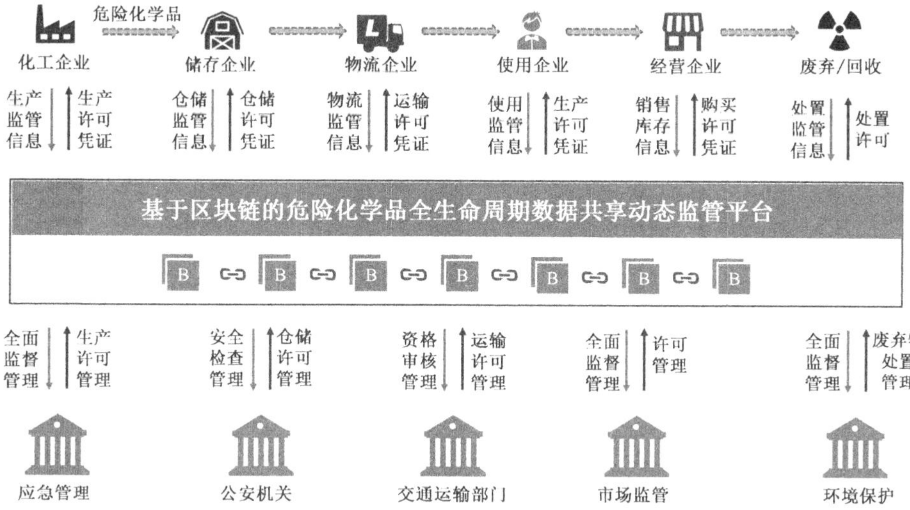

图 7-6　基于区块链的危险化学品全生命周期数据共享动态监管平台

如图 7-7 所示，危险化学品全生命周期数据共享监管平台架构自下而上分为可信设施层、共享交换层、监管应用层和用户层，标准规范体系和运营保障体系贯穿其中。通过基于区块链的数据安全机制保障危险化学品监管部门和经营企业相关业务信息不泄露，促进信息的可信传递，打破不同部门、不同层级、不同区域和企业之间的信息壁垒。依托区块链的数据透明公开、可追溯等特性，以溯源机制支撑举证与追责。

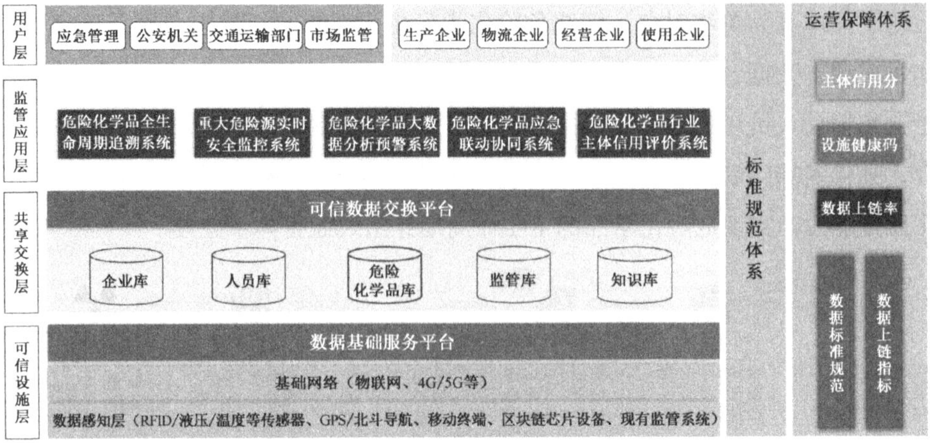

图 7-7　危险化学品全生命周期数据共享监管平台架构

7.4.3　平台优势

1. 以数据安全保障打破信息壁垒

借助区块链、安全多方计算和隐私保护等技术构建一个基于模型的数据安全共享架构，提供避免数据离开原机构的“数据不动、模型动”的可靠数据共享模式，实现不同监管部门和企业间业务数据“可用不可见”共享。保障危险化学品监管部门和经营企业相关业务信息不泄露和数据可信传递，打破各环节不同部门、不同层级、不同区域和企业之间的信息壁垒，为联合执法和紧急救援协同提供有力支撑。

2. 以多级加密实现权限灵活控制

采用严格的 CA 体系结构，对节点的准入及身份进行严格的控制。提供基于智能合约的可信服务，包括权限控制、数据交换溯源和审计等。不同身份的节点拥有不同的数据访问权限，以可插拔的多级加密机制保护数据安全、身份安全、通信安全和机构安全。

3. 以全流程监控形成可信数据流

基于区块链实现链上数据的完整性和不可篡改性。区块链平台链接危险化学品全生命周期的每个环节，全流程业务数据和监管执法数据经过各个节点共识后上链，平台实时监控链上数据，形成危险化学品的完整可信数据流。传统 IT 技术的中心化处理方式不能从根本上产生可信的数据，与之不同的是，区块链可通过两种方式保证对于上链前数据（源数据）的可信。第一种方式，基于上链数据的可追溯特性，发现问题进行追责，同时配套相关规章制度，通过信用机制来规范上链数据，由此来保障链下数据可信；第二种方式，采用基于区块链芯片的采集装置，配套安装相应的监控设施，从源头实现数据可信。

4. 可信数据追溯支撑举证与追责

传统的 IT 技术可追溯的数据不具有公信力，因此，不能很好地支撑举证与追责。利用区块链透明公开、不可篡改、可追溯等特性，以危险化学品生命周期内的状态数据变化驱动监管工作，能有效追溯各环节存在的问题，及时对相关责任实体或个人进行问责，由此反向促进提升安全责任意识，即“上链威慑”。这将有利于促进各方信息公开，在事故调查中查实企业安全生产主体责任，提高安全监管效率。

5. 多节点共治实现事件快速上报

基于区块链技术构建的多节点联盟链网络具有数据直接上链的特点，优化了传统信息化平台逐级上报的模式，实现了整个监管网络扁平化、节点（部门）与节点（部门）之间信息平等化，大幅缩短了信息源与监管者之间的获取路径，提高了整个监管过程的响应速度。

6. 可视化、移动化的创新监管模式

引入上链率指标，对整个网络节点进行区块链化管理，增强危险化学品全流程监管的有效性，提升企业信用水平，提高企业安全生产内驱力。基于上链数据，为每个危险化学品监管设施都生成唯一的健康二维码，并采用“红、橙、黄、蓝”行业通用等级表示该设施的运行状况，实现便捷的移动化、可视化监控。通过建立企业法人、企业主要工作人员、巡查人员、执法人员等的可信信用评价体系，主体信用分可全面体现主体的行业信用，同时拓展危险化学

品监管外延与辅助手段，增强监管效果。

7. 全流程智能预测应急协同架构

基于平台全流程的可信数据和风险预测算法，配置灵活的风险预警条件和不同预警事件。一旦有预警或不同级别的事故发生，系统会立刻根据预先设置的应急措施预案，通过各种消息接口协同对应部门及资源。同时，所有风险预测和事故的历史数据都会累积为专家知识库，配合机器学习，不断迭代与优化预测算法模型和应急联动协同模式。

7.5 建筑安全监测平台

7.5.1 应用背景

随着城市化的推进，高层、超高层、地下空间等多种形式的开发利用成为常态，相应的安全问题也随之而来，各类建设工程安全事故频发，给相关监管部门带来了巨大挑战。根据相关新闻报道，2013 年 11 月 20 日，襄阳市南漳县发生一起高大模板支撑系统坍塌事故，造成 7 人死亡、5 人受伤，直接经济损失约 550 万元。事故原因是在浇筑时未对模板支撑体系位移进行监测监控。2020 年 10 月 9 日，汕尾市陆河县发生一起天面构架模板坍塌事故，造成 8 人死亡、1 人受伤，直接经济损失 1163 万元。

传统的工程监管方式主要依靠施工单位的内部管理和人员自觉性，以及监管执法部门的定期检查，由于缺少外部监管，且监督执法部门的力量有限，监管往往难以到位。随着物联网、移动互联网等信息技术的发展和应用，“互联网+建筑工程”应用也在逐步展开。简而言之，就是政府要求工程中各责任主体将相关数据上传至监管中心服务器，一是期望实现实时监管，二是保存监控数据以备后续审查。然而，现有的监管系统只对数据进行储存分析和信息发布，但无法保证数据的真实性。因此，也会引入第三方监测机构对工程质量进行监督，但很多事故还是发生了。究其原因，制度和人员的监管模式仍然存在很大的“灰度空间”，因此需要不断引入物联网技术以减少人工干预，保证现场监测数据的真实性和不可篡改，以为工程质量监管提供有力的技术支撑和可信数据，为处理和分析建设工程事故的事故原因、追究相关责任主体提供有力证据。

基于区块链的分布式特性，可实时采集、存储来自监测设备的数据，保证监测数据上链后不可篡改，使得建设工程各个参与方都可以自动互信；基于不可篡改、可追溯的特点，实现数据历史轨迹追溯，便于对事故的调查、定责与处理。

7.5.2　解决方案

浙江大学区块链产学研团队与深圳市城安物联科技有限公司合作，结合区块链、大数据技术构建重大工程防灾预警在线监测平台，有效地规避了人工监测过程中存在的数据作假、预警不及时等问题；利用区块链的分布式账本、不可篡改等特性，以及智能合约、非对称加密等技术，端到端地解决 IoT 监控数据可信问题，同时引入监管节点，应用智能合约实现过程监控的自动处理与反馈。

1. 应用区块链芯片技术，使得数据与设备一一绑定

每个监测和数据采集设备都采用区块链芯片，根据设备在出厂时内置的唯一序列号、监测点位信息和设备鉴定信息等，生成对应的哈希值作为监测设备全网唯一的设备数字身份标识。设备主要分电子测绘设备和岩土工程传感器两大类，其中，电子测绘设备如全站仪等，主要用于对建设工程项目的水平位移及沉降进行监测；岩土工程传感器主要获取诸如应力等岩土工程类数据。

2. 监控数据上链，实现不可篡改、可追溯

配置管理监控数据上链，将采集设备的传感数据和设备环境数据处理后上链，可以避免位置、时间等关键数据被伪造或被篡改。在数据处理阶段，对采集的数据加上项目唯一识别码、监测时间及监测单位的数字签名等特征数据，上链后保证无法被篡改。其中，项目唯一识别码由监管单位统一发放和管理。

3. 每份报告都有区块信息，确保信息可信、报告可信

监测平台所产生的每份报告都会上链，帮助确认报告数据的来源是来自传感器还是来自人工上传，源头可追溯，确保数据的来源可靠、报告可信。

4. 应用信证链，让每份监控报告都具备法律效力

引入信证链的监督功能，将可信服务器由政府监管机构管控，本地服务器、可信服务器及对外服务器三种类型的服务器协同工作，组成一个多中心网络，既保障数据的真实性，又兼顾效率。可信服务器可用于政府监管机构对私钥和公钥进行的统一管理维护，使得数据监控报告具备法律效力。

5. 应用智能合约技术，实现自动干预监控过程

如图 7-8 所示，利用区块链的智能合约技术，在监控过程中，可实现设备的自动干预。例如，当某一数据采集设备采集所得数据不合理时，在数据传输过程中，可利用智能合约技术，剔除不合理数据，并反馈数据采集设备相关信息，从而对该数据采集设备进行干预。

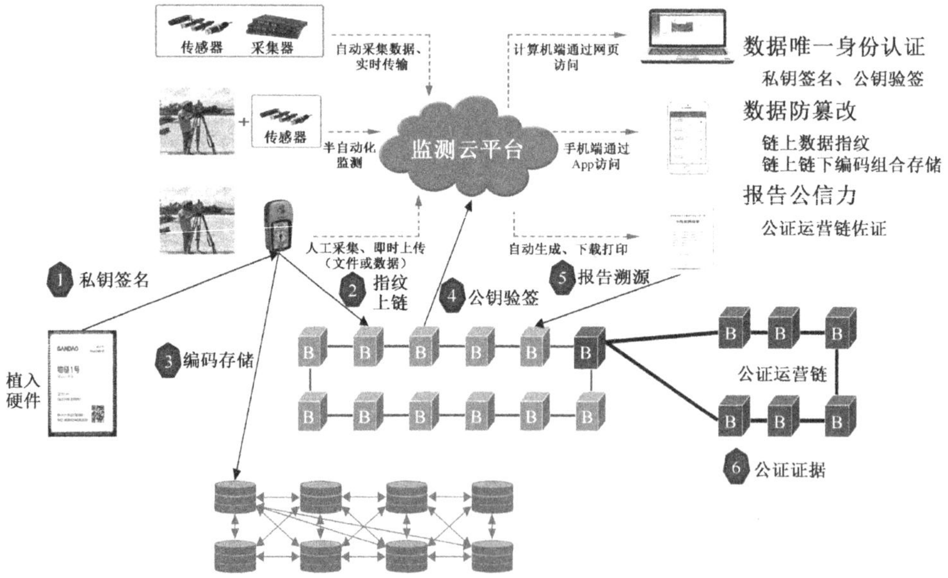

图 7-8　基于区块链的智能合约技术的监测示意图

第一，采用非对称加密技术，设备与数据形成一对一的唯一对应关系。

第二，采用数据编码+切片方式，杜绝数据被篡改，确保证据链的连续性。

第三，引入公证运营链背书，将数据变为证据。

第四，生成区块链监测报告，如图 7-9 所示。

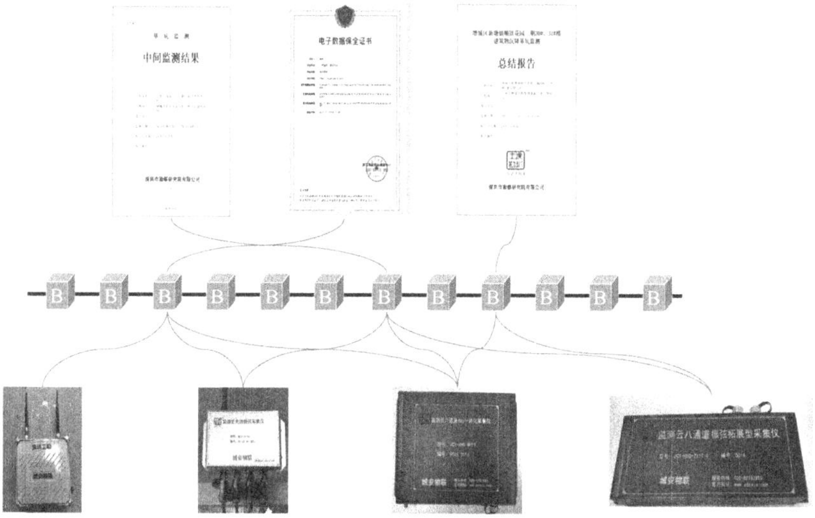

图 7-9 生成区块链监测报告示意图

7.5.3 平台优势

1. 改善物联网系统的安全性

一方面，物联网可以应用区块链技术来保护监测数据安全，这是因为监测数据以链式结构分布式加密存储，使得数据难以被篡改；另一方面，物联网系统与区块链、智能合约的集成可以帮助提高监测物联网系统的安全性，通过自动更新监测物联网设备硬件对易受攻击的漏洞进行补救，从而提高系统的安全性。

2. 物联网数据的可追溯性与可靠性

区块链数据可以随时随地进行识别和验证，在区块链中保存的每笔交易数据都带有时间戳，因此用户可以通过分析带有相应时间戳的区块数据，方便验证和跟踪历史数据轨迹。同时，区块链的不可篡改性确保了监测物联网数据的可靠性，因为它几乎不可能改变或伪造任何存储在区块链中的监测数据。

3. 增强监测物联网系统的互操作性

区块链可以通过将物联网监测数据上链共享，提高物联网设备之间的互操作性。由于区块链建立在接入互联网的 P2P 网络之上，互操作性还表现在可以轻松地通过不同类型的分散网络进行连接。

4. 监测物联网系统的自主交互

区块链技术可以赋予监测物联网设备或子系统自动可信交互的能力。在传统的交易管理系统中，交易验证通过受信任的机构（如银行、政府）进行。这种集中化的方式必然会导致交易系统的额外成本、性能瓶颈和单点故障。相比之下，区块链允许交易在两个节点之间进行验证，不需要依靠第三方中心化机构背书，从而降低了服务成本，减少了性能瓶颈，降低了单点故障风险。

7.6 智能治税应用平台

7.6.1 应用背景

社会经济环境日益复杂，偷税手段呈现多样性、隐蔽性、取证困难等特征，因此财税管理部门面临巨大的压力，主要表现在税源监控能力弱、税收征管稽查手段滞后、涉税信息不足等方面，仅依靠现有的统计、稽查手段，无法有效地解决税收征管中的重点矛盾。因此，需要应用区块链、机器学习等技术，打造区块链智能治税应用平台，实现涉税数据的全方位共享和监控，实现各类涉税数据智能化应用，全面提升税源监控管理效能，最大限度地减少税收流失。

7.6.2 解决方案

如图 7-10 所示，智能治税应用平台依托数据基础服务平台，以需求为导向，运用大数据技术对涉税数据进行清洗、加工、关联等预处理；应用区块链和安全多方计算技术，实现政务数据和第三方数据融合。应用不出库，数据可用不可见，保护隐私数据安全，同时确保数据应用有迹可查，为智能综合治税提供可信、安全的数据支撑；基于机器学习方法充分挖掘数据价值，通过模型训练生成业务规则，实现对企业应缴税收的智能预测及偷税漏税行为的自动检测。

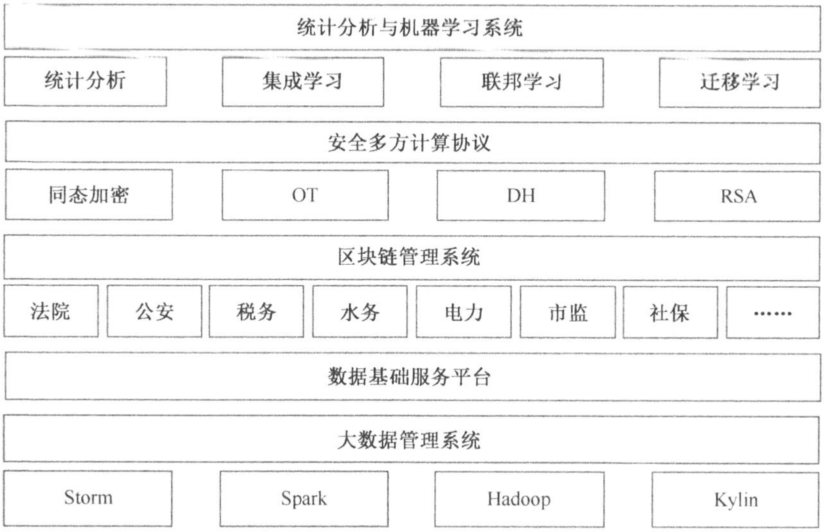

图 7-10　智能治税应用平台技术架构

智能治税平台具备以下三大核心能力。

1. 数据加工能力

智能治税应用平台基于 Stream、Storm、Spark、Hbase、Hive、Kylin、Hadoop等大数据技术，实现对金融、法院、公安、税务、社保、国土、环保、住建、市监、电力、水务等部门的数据源管理、大数据采集转换、大数据存储、实时监控等，采用 OLAP 引擎，借助 Hive 工具加载数据，按照多维分析数据模型定义的事实表和维度表的连接关系，进行多维指标立方的预计算，并以立方体组织形式将数据保存到指标数据仓库中，形成各涉税数据之间的逻辑关联，为后续挖掘数据价值打下基础。

2. 数据安全保障

一是做到原始数据不出库。本地节点做计算、处理后以加密方式进行网络传输，实现数据可用不可见，确保原始数据不被泄露。二是保证数据传输安全。智能治税应用平台由多个节点组成，通过共识算法保证多节点数据实时更新，实现数据真实准确、传输安全可信。三是保障数据使用安全。数据的加工、使用及结果都将被时间戳真实记录并全网公证，实现数据使用安全。四是保证数据共享安全。区块链底层平台为数源单位分配一个账户地址，通过身份认证、交易签名和权限设置使拥有授权密钥文件方可接入网络和访问数据，授权过程、共享亦在平台留痕，保证数据一致性和不可篡改，充分保障数据共享安全。五是保证数据存储安全。智能治税应用平台主要起到记录数据共享和判定数据访问权限的作用，数据仍然存储于各部门本地服务器中，确保数据存储安全。

3. 数据融合应用

基于企业涉税指标数据仓库，利用统计分析和机器学习方法开发智能治税应用模型，包括企业营收预测、企业纳税行为异常检测、企业 KPI 数据可视化分析等模型，分析存在税收征管漏洞的重点企业、行业、重点工程项目的税收信息并推送至本级税务风险管理部门，进一步开展税收疑点核查和税收入库跟踪管理，解决监控不力、应缴未缴等税收真空领域问题，促使税收全额入库。同时，以企业历史经营数据为分析基础，融合第三方数据，可对企业营收及城市经济收入做出预测，为财税管理部门科学制定财政预算和财政政策提供数据支撑。

7.6.3 平台优势

1. 平台使用安全可控

智能治税应用平台依托自主可控的区块链底层平台进行建设，具备网络节点的授权接入、账户管理的权限设置、政务数据的访问可控等特点，需要拥有授权密钥文件方可接入网络，且授权过程、使用和结果亦在平台留痕，可充分保障平台使用安全。

2. 可快速部署和复制

为使系统在未来具有较强的移植性、可用性、扩展性，系统在设计时充分考虑了系统的灵活性，采用安全数据交互方式，无须对原有业务系统进行变更，也不受部门调整影响。涉及企业税收相关的生产经营数据，具备权限的单位方可对数据进行授权访问和使用；系统支持可配置的数据交换接口，便捷地实现涉税部门进行数据交换的新增、修改、删除操作，且能在不调整平台架构时，方便快捷地接入新部门和第三方数据源，支持政务系统与第三方系统的对接和扩展，便捷地实现与其他信息资源管理平台的实时共享。

3. 数据价值有效显现

智能治税应用平台实现了对涉税行为的流程监控、过程分析、数据集成分析和智能计算，以及税收征管工作信息化、执法过程规范化、税收成果应用智能化。同时，该平台能够便捷地与第三方数据融合应用，充分挖掘数据价值，助力税收征管不断向多领域、多行业和征管真空区域延伸，解决税源不清、税基不明、“跑冒滴漏”等问题，使税收管理模式从广度向深度、从粗放向精细、从人工向智能转型，拓展税收科学管理方式，实现税收管理现代化水平的全面提高。

7.7　培训机构服务监管平台

7.7.1　应用背景

中国教育产业持续扩张，教育培训机构如雨后春笋般涌现。但随之而来的是许多经营和管理上的问题，包括无证办学、师资水平良莠不齐、教务管理混乱、财务管理不规范等问题。新冠肺炎疫情期间，线下教育培训机构停招停课，部分经营不规范的培训机构陷入现金流断裂风险。更有全国多所知名机构被曝突然停业，疑似“跑路”，众多已购课学生的预付学费均未退还，涉案金额大，波及人数多，造成恶劣的社会影响。长期以来，校外教育培训机构始终没有纳入教育管理与改革的范围内，其中一个重要原因就是缺乏对校外培训机构实际情况的全面了解和掌握。

2018 年以来，国务院办公厅和各省市教育厅分别发布校外培训机构监督管理规范，强调要紧抓校外培训市场，严格执行年检年审，保障家长资金安全。2021 年 7 月 24 日，中共中央办公厅、国务院办公厅印发了《关于进一步减轻义务教育阶段学生作业负担和校外培训负担的意见》，强化学校教育主阵地作用，深化校外培训机构治理，构建教育良好生态。

7.7.2 解决方案

产链数字科技有限公司与相关教育部门积极配合，建立全社会共同参与的校外教育培训风险防范机制，应用区块链技术构建培训机构监管服务平台，实时传递教育培训机构信用情况，提升教育培训行业的管理监督能力，保障家长的资金安全，维护家长的切实利益，推行服务+监管+保险的新监管模式，构建教培一体化的全生态系统，促进教育培训市场持续健康发展，树立教育培训行业监管治理标杆。

培训机构服务监管平台通过建设不同端口的系统协同工作，实现了教育局监测场景、机构课程管理场景、家长支付/举证维权场景、数据安全场景等功能的落地。

1. 教育局监测场景

教育局通过审批管理后台和大数据可视监管平台来监管机构、预警风险。依照当地政府政策指导，在培训机构服务监管平台建立信用评估机制，严格把关机构信用资质，监督机构完成年检、信用报告等工作，力求机构运营资质公开透明，完善教育培训行业机构评估标准。通过风险预警、审核平台机构资质、规范平台机构行为，形成全覆盖的监管网络，基于区块链的数据可信能力和合约规划能力，监管方可以在平台上实现自动化、细粒度、穿透式的数据监管。

2. 机构课程管理场景

培训机构通过培训机构服务监管平台进行日常课程管理、学员管理、订单管理，实现教务系统信息化配置。课程管理模块可以对机构课程进行录入和编辑。在招生开始前，培训机构可以在系统的课程管理中提前录入本期所有课程，按照系统提示填写课程信息，不同机构均支持自定义课程模式。课程发布后默认为已上架状态，可由机构或家长操作购买。已创建的课程均支持编辑，需要由拥有权限的用户更新课程字段，课程可被下架，但不会被删除，可以操作后重新上架。在全过程中，培训机构经营信息数据加密，同时信息上链，不可篡改。

3. 家长支付/举证维权场景

培训机构服务监管平台为家长提供选课、购课、保障服务的一整套系统，解决了家长信息量窄、沟通渠道单一、后期保障不到位的问题，简化了报课流程，提高了报名效率，大大节省了前期报班成本，建立了培训机构和家长的有效沟通渠道，实现了信息化教育的双向共赢。同时，政府推出机构风险险，在平台对入驻机构进行风险评估、风险预警，为家长提供双重保障，实现全社会、全覆盖的监督管理网络。交易信息全上链，保障家长事后维权、信息溯源。

4. 数据安全场景

应用区块链技术对购课交易信息、资金流向、经营状况等全过程数据进行上链、固证。区块链保障了数据的真实性、公开性和安全性，同时三方签署保密协议，严格保障机构的经营数据安全。

培训机构服务监管平台同时对接省级大数据局，调取省内大数据信息进行核对，严格审核机构工商信息、对公户余额、资金流水，实现资金监管，核实机构教师资格证信息，做到教师实名制；同时，该平台接入第三方企业服务平台，获取教育机构工商信息、经营状况数据等，实时掌握机构的经营状况动态变化情况。通过各个方面的监管，实现对校外培训机构的信息化、公开化、透明化监管。

培训机构服务监管平台利用区块链、大数据分析等信息化手段，通过教育局端、培训机构端、家长端三方，提供线上购课、线上购买保险、机构信用展示、风险预警、资金监管等多项功能，实现对校外培训机构工作的信息化、公开化、透明化管理，提升校外教育培训市场的自治水平。基于区块链技术的边缘存储、数据的不可篡改和可追溯机制保证了全过程数据的真实性和高质量，在保护机构数据隐私的前提下，实现了多方协作的数据计算和数据流通价值。

7.7.3 平台优势

1. 业务流程创新

通过智能数字化教务管理，对学员管理、课程上线下架、订单管理等进行合理、有效的流程简化，同时数据上链，实现信息化管理。配合政府推出安心报名保险——学费险，在机构与家长之间建立保障体系，从而防止因机构经营状况不良出现的违约、跑路导致家长权益受损的情况。政府等监管机构和监理方可通过区块链上永久保存的真实信息对机构课程质量、经营状况实时监管并核查机构资金流向，促进实现整个教育培训行业长期运维的生态闭环。

2. 业务模式创新

以区块链技术实现教育局、培训机构、银行、保险、家长等在链上节点的信息互通，联合当地政府推出学费险，帮助机构提高招生效率并实现管理数字化，保障家长权益，减少中间成本，解决报班程序烦琐、管理不规范、机构信用难以保障等问题。整合各环节数据上链，增强机构、家长多方互信，交易数据上链安全共享，资金支付便捷高效，资金流向公开透明。

3. 监管模式创新

利用新模式下的服务管理平台，对校外培训机构管理工作进行信息化、公开化、透明化的监管，建立全社会共同参与的风险防范机制，提升教育培训行业的管理监督能力，构建教育培训一体化的全生态系统。

对购课交易信息、学费资金流向、机构经营状况等运营全过程进行数据上链、存证，通过数据留痕的方式传递教育培训机构的信用情况，提升教育培训行业自治水平。依托平台的特色机构评价体系，深度挖掘优质机构，予以流量、曝光度的强倾斜，降低优质机构宣传成本，驱动机构转换重心，将更多的资源投入课程打磨、提高师资水平等方面。

该平台实现了对教育培训行业预付费资金的总体监管，使得机构不会出现抽逃预付学费、转账进入私人账户等违规行为。通过区块链技术建立财务数据监管和风险监控机制，当机构的经营、财务数据出现异常时，相关监管部门将及时收到预警反馈并展开调查。从结果监管转向全流程监管，提升监管质量。

第五篇　保障与展望篇

区块链赋能社会治理的保障与蓝图

第 8 章 区块链赋能新型社会治理体系的保障

随着我国改革开放和社会经济的快速发展，我国经济总量和基础设施建设取得了举世瞩目的成就，社会结构和思想观念也在发生深刻变化，现有的社会管理与公共服务模式不能很好地适应社会的高速发展，客观上存在一定的改革诉求。从党的十八届三中全会到党的十九大，我国社会治理理念从提出到逐渐成形，社会治理工作已经逐渐向体系化发展，具体包括组织体系、制度体系、运行体系、评价体系和保障体系等。面对新时代的要求，我国社会治理体系的现代化建设依然任重道远。

2020 年以来，在中央及各级政府组织领导的抗击新冠肺炎疫情过程中，广大人民群众表现出令人赞叹的自发自觉和积极参与的主动性，如“云监工”火神山医院建设、义务接送医护人员、关爱社区独居老人、从国外采购医疗物资等，各个社区的群防群治行动更体现出社区自治达到一个全新的高度。而很多企业组织也积极承担社会责任，如在本次疫情防控中起到重要作用的“健康码”，其背后不仅有国企电信运营商的定位数据支撑，也离不开众多民营科技企业的支持配合。面向未来的新型社会治理，无疑将涌现出更多的由政府主导或推动、企业与社会组织协作、个体积极参与的“共治”场景。

物质生活水平的提高、社会治理理念的变革，以及区块链、5G、物联网等信息技术的快速发展，推动了全社会向数字化、网络化深入发展，构建出以不过度依赖行政、强调效率和资源分配优化等为特征的多方“共治”“智治”的新型社会治理模式。同时，推动建立适应新型社会治理的标准、规范，探索有包容性的法律法规制度，鼓励社会各主体参与社会治理，并不断完善监管机制。

8.1　推动新型社会治理体系标准与规范建设

金字塔式的组织管理架构有其不断迭代而形成的历史渊源，在计算机、互联网出现之前，它体现了高效管理社会的优势。然而，随着互联网的出现和发展，网络无处不在，社交、娱乐、购物等各类生活都可以足不出户地进行。相应地，很多管理、治理工作也逐渐能够借助网络来完成。近年来，国家推行“互联网+政务服务”改革，提倡“数据多跑路、群众少跑腿”，开展“最多跑一次”服务，其背后不仅是政府管理理念和制度的革新，更重要的是科学技术带来的改变和推动作用，本质上是“制度＋技术”的深度结合。因此，社会治理也必将走向协同化，区块链技术是根植于互联网之上的一种新型信息技术，它可以实现数字承载的价值并实现高效传递。由于其分布式的数据可信共享模式，在社会治理领域有巨大的应用优势，也将从另一层面加速政府管理模式和社会治理能力体系的提升。由此，推动建立一种长效机制，将以往突击式、运动式的治理方式转变为实时、动态、精准的治理模式。

新型社会治理体系强调在数字化、网络化的基础之上的多方共同参与。多方共同参与的前提是预先建立一定的标准与规范，主要包括两个方面。一是与技术应用相配套的制度规范设计。例如，浙江省在推进“最多跑一次”改革中，标准和规范建设发挥了重要的基础支撑作用，先后研究制定了《浙江省保障“最多跑一次”改革规定》《政务办事“最多跑一次”工作规范》等。二是区块链技术与社会治理应用的技术标准与规范。首先，社会治理领域的数据是涉及多方的，一般情况下其蕴含的信息在原始状态下是杂乱的、非结构性的，同一类事务可能在不同地域、不同管理部门环境下有不同的存储、展现形式，需要通过对数据关键特征的抽象，以在某个共享区域内形成一定的采集标准，并建立相对完整的数据处理规范流程；其次，采集数据的处理也要依据一定的标准进行，为相关的处置提供依据，形成处理流程的制度化和规范化，尽可能减少人为因素，形成统一格式以便进行更广范围的数据交互，特别是在相关区块链应用领域形成上链数据规范，使得数据与区块链技术平台解耦，便于各种区块链技术发挥作用；最后，新型社会治理中多方共同参与及协同合作，需要厘清职责、明确分工、有效监督、合理评价，这些工作的展开都需要对相关工作进行标准化和制度化的设计改造，形成规范化的约束体系。

构建科学合理的标准体系，实现规范化服务是构建新型社会治理体系的重要抓手。需要建立起与现代政府治理体系和治理能力相适应的政府服务标准和服务规范，将治理理念和方法提炼标准化，融入社会治理活动中。具体借助以区块链为代表的信息技术的协同整合和可信保障作用，用标准体系和规范服务来推广成功的社会治理模式和先进经验，由此将标准化的理念融入政府治理、社会治理的全链条，形成长效机制，促进治理效能释放。

8.2 构建新型社会治理体系政策与法规支撑

新兴技术的发展及应用日新月异，而相应的法律规范会有一定滞后性，甚至技术的发展会给制度、意识形态等带来冲击。例如，当初互联网的发展超越了传统媒体的范畴，对其管理带来了新的挑战，现在区块链的发展或许也将遇到类似的问题。因此，如何具有前瞻性地在制度层面为应用区块链等新技术拓展足够的空间，同时又能给予一定的规范和指导，是新型社会治理体系建设中必不可少的一环。

一方面，区块链技术的应用缺乏专门性的法律法规加以规范。第一，区块链对于数据确权具有独特优势，但传统物权法对于诸如数据、数字信息等对象的权属如何界定仍待完善。因此，制定专门的法律法规来厘清数据确权问题有其必要性。第二，区块链技术的应用目前仍然面临着风险挑战和安全隐患，如私钥丢失、网络攻击等。为保护区块链参与主体的合法利益，需要为技术应用发展提供法律保障。

另一方面，区块链技术的应用会在一定程度上与现行法规存在矛盾。以区块链中的智能合约为例，它是一种用计算机代码实现的、在满足相关条件的基础上可自动执行的协议，这与传统契约法规中对相关主体的约束要求存在冲突，现行法律无法对智能合约实现的契约进行保护。因此，法律法规的补充、修订和完善需要跟上技术发展与应用的步伐，在法律政策层面提供相应的保障与支撑。

监管部门需要主动了解、参与区块链产业政策、应用标准和规范的制定，在相关制度制定初始阶段就充分考虑监管的作用和角色设立，使区块链自治规则和法律框架相适应，无论是技术还是法律规定都要确保其精准，引入监管节点，确保数据信息、价值交换符合相关法律法规要求，做到监管透明化。

相比其他信息技术，区块链所能实现的不仅是技术层面的革新，还有组织运作模式的转变。因此，它在新型社会治理体系建设中将发挥更多催化作用，会为相关法律与法规带来新的突破点。2018 年，杭州互联网法院公开宣判了一起数字版权纠纷案，首次确认了采用区块链技术存证的电子证据的法律效力，并明确区块链电子存证的审查判断方法。2018 年 9 月，最高人民法院发布了《关于互联网法院审理案件若干问题的规定》，对区块链技术电子存证进行法律认可，也首次认可了区块链作为收集、固定和防篡改数据的技术手段。这对知识产权保护产生了深远的影响，也是新型社会治理体系建设中多方参与助力法律与法规探索的生动体现。

随着数据量的爆发式增长，数据已经成为生产经营活动中的重要资源，也是财富创造和经济增长的重要源泉。2020 年 4 月，中共中央、国务院正式发布《关于构建更加完善的要素市场化配置体制机制的意见》，第一次明确了数据是一种新型生产要素。数据的资产属性保护无疑将成为数字经济建设过程中的一个重要议题。需要强化顶层设计，尤其是对一些“区块链 +”的新领域提前进行法律与法规研究，做到制度层面不断完善监管体系。特别是具备良好市场应用前景、较大经济和社会价值的社会公共数据资源，在新型社会治理体系中发挥着关键作用，需要不断完善相关管理制度和法律法规，充分应用区块链的安全保护和协同机制，坚持政府指导，鼓励市场主导，激发市场活力，利用技术做支撑，做好数据应用和监管工作，保障各方合法的数据权益。

8.3 加强新型社会治理体系监督与管理变革

区块链技术的快速迭代和应用领域、规模的不断扩大，正在对现有监管体系产生深刻影响。一方面，区块链技术数据可信机制为监管提供了强大的辅助手段；另一方面，区块链的数据永久性、匿名性、分散性等特征也给监管带来了新的挑战。而数字经济、数字社会、数字政府和数字法治与新型社会治理体系的交错结合，也对区块链的监管提出了更高要求。特别是随着各行业领域信息化程度的提高和智能合约技术的发展，越来越多的监管规则、法律法规和商业合同可以进行数字化转换为智能合约代码，继而在区块链上自动执行，区块链将为监管赋能，促进全新监管机制和框架的建立。

除利用区块链相关技术进行监管外，也要重视区块链自身特性，对公有链要进行有效的动态监测和风险预判，对联盟链要进行全方位的科学监管。具体从以下几个方面进行。

在技术层面，加强对区块链监管技术的原发性、体系化研究，加强对区块链平台技术安全性的监管，严格管控非国产自主可控的区块链技术在重要政务、金融、民生领域的应用，确保区块链系统代码层级无重大漏洞，智能合约代码能够规范执行，有效地整合人工智能和大数据等新一代信息技术，建立智能且专业的监管体系。在政策层面，加快完善区块链技术在社会治理、金融服务、信息服务等领域的管理制度和监管规范建设，研究区块链监管与隐私保护的平衡机制，推动建立适应各领域的监管友好的联盟链标准体系，对区块链信息采集、上链信息合规性审查、链上数据可视化、区块链信息安全管理等过程进行规范管理，形成以链治链的多元化、包容性的区块链监管体系。同时，监管机构也需要考虑区块链对监管本身的运行带来的影响。一方面，区块链技术的应用会推动监管的透明化、高效化；另一方面，对监管体制可能也会带来一些新的变革。这都需要监管机构在拥抱区块链技术和加强行业监管的过程中进行不断审视和调整。

第9章

区块链赋能社会治理的新蓝图

党的十九大报告中明确提到，“当今世界正面临着前所未有的大变局，中国特色社会主义进入了新时代。”随着中国和东亚经济的飞速发展，亚洲全球政治经济的话语权不断增强，而西方自诩的治理体系暴露出来的各层次社会问题让我们更坚信我国道路制度的优越性。以信息技术为代表的科技快速发展，工业化进程的持续推进也在不断颠覆和改变人类社会及全球治理体系，中国应顺应技术革命发展趋势快速行动，引领全球开展技术与社会治理深度融合的广泛尝试。

2020年以来，新冠肺炎疫情引发的全球公共卫生突发事件是对世界各国社会治理体系的综合考验，对比世界范围内的疫情发展和各国政府的应对举措，我国采取了最全面、最严格、最彻底的防控措施，有效阻断病毒传播链条，并取得显著成果，这源于我们国家治理体系和治理能力方面的显著优势。全民参与、群众自治、联防联控、群防群控等措施和行动深刻体现了新型社会治理体系共建共治共享的理念，区块链、5G、大数据、人工智能等新技术在防控治疗领域的创新应用与举措也充分展示了国家信息科技发展对社会治理创新、效率、能力的强大支持。新型社会治理体系的外部建设条件不断丰富、成熟。

展望未来，在新型社会治理体系下，整个社会将呈现出一幅人文和谐、生态优美、产业高效的美好蓝图。

9.1 新型社会治理体系发展趋势

在信息化、数字化持续渗透到产业、社会、政府的每个角落的全球大背景下，我国社会治理体系也将发生诸多新的变化，在新型社会治理体系建设中必将不断迎接挑战，克服困难，助力推进国家治理体系与治理能力现代化建设进程，为人类社会的发展探索开创出一个全新局面。

9.1.1 社会治理结构扁平化

随着我国各级政府深化“放管服”改革，政府职能更加明确清晰，“最多跑一次”在多数政务场景中得以实现。而智慧城市建设将提供更多的感知能力和远程掌控能力，社会治理领域信息的统一规范化管理也将进一步消除地方差异，全国范围的数据交换和交互行为将更加普遍，各个信息壁垒将得到破除，不同区域、不同部门的协同管理将更加便捷，从而从总体上推动社会治理结构从金字塔式“钟”型结构向扁平化“碟”型网络结构转变，推动政府职能机构更加精简，公共服务更加社会化、智能化，社会治理更加高效，人民满意度不断提升。

9.1.2 治理及服务过程透明化

随着新事物不断涌现和社会利益格局日益复杂化，社会治理模式也必将持续适应变化，需要用技术手段创新社会治理体系和组织方式，为社会组织和民众更多地参与社会治理提供可行路径，在不断迭代衍生过程中，治理及服务过程的透明化将不断得到提高。在简政放权的改革趋势下，基于可信的社会大数据支持，更多具有明确和显性规则的社会治理、监管、审批和公共服务将在信息技术应用中自动运行，且实现公开透明，大大消除公权力寻租腐败行为。

9.1.3　公共服务精准化

在移动互联网、大数据等信息技术快速发展和应用支撑下，以“最多跑一次”为代表的服务型政府改革在全国各地纷纷展开，各级政府部门通过线上线下结合，以便民、利民、高效为主要目标优化各类政务服务办理流程，整合原来分散的各类服务事项，推进一网通办，促进政务服务升级，优化公共服务体系。在区块链、移动互联网、大数据、人工智能等信息技术的支撑下，能够有效地解决公众和政府之间信息不对称问题，实现公共服务供需高效对接，建立跨部门公共服务资源共享与协作机制，跟踪监管公共服务过程，不断提高公共服务的供给精准化。

9.1.4　社会治理主体多元化

“共建共享共治”是构建我国社会治理的核心理念，社会治理社会化和公共服务市场化已成为全国各地改革发展的趋势。在治理主体上，多数地区已改变政府大包大揽的管理思维，在政府指导下，鼓励和支持社会各方面共同参与治理，通过购买服务和招投标等方式，将一部分政府职能移交给企业和社会组织承担，强化社会自我调节功能，激发居民自治积极性，实现与政府治理的良性互动。在社会治理的诸多领域，如公共卫生、社会救助、社区服务、就业培训、扶贫帮困等领域将有更多专业化人员和企业参与，并发挥重要作用。

9.1.5　互动治理机制平等化

未来，在社会治理政策制定和改革过程中，除专业人员发挥更大作用外，依托信息技术特别是区块链可信系统的支持，没有特定政治参与身份的普通公民也能参与更多的互动化社会治理工作。在听证互动方面，除现有的价格听证、地方立法听证外，在更多涉及民生议题的决策程序中，通过公开透明选拔机制使参与听证人员社会可信度更高并保障公民意见表达真实性。在网络议政方面，信息技术便利性和安全性将使得社会治理的大议题和基层“接地气”的各类小问题都能快速组织讨论，政协委员、政府人员和普通公民可以有更多的意见表达和交流途径，架起下情上达的桥梁。

9.2 区块链赋能社会治理未来畅想

人类社会正在从物理世界向数字世界迈进，万事万物都在进行数字化转换，数字化已渗透到社会的各个方面。随着国家计算力的迅速发展，社会治理的落脚点不再只是抽象、片面的全体统计数据，而是建立在一个个更小粒度的数据集合维度上，甚至可以跟个体数据进行深度互动，更全面、立体地感知和反映社会形态。人工智能和硬件技术的快速发展也将带来颠覆性的影响，机器逐渐从取代简易工作发展到控制城市中枢神经脉络，全面地融入社会治理全过程中，人机协同的场景将广泛出现，提高社会治理的公平和效率。以数字化、网络化、智能化为核心的治理科技将成为社会发展的重要支撑，并与政治制度深度融合，成为国家竞争力的重要组成部分。

可以预见，随着新冠肺炎疫情的抗疫防疫常态化，在全球范围内只有我国防疫成效持续稳定，人民群众对中国特色社会主义道路、理论、制度、文化自信大大增强。在实现国家治理体系和治理能力现代化建设过程中，那些奉西方为圭臬的杂音和阻力也将大大削弱，这为我们在社会治理和公共服务等领域更加从容地融合应用以区块链为代表的新一代信息技术创造了良好的外部环境，为开展社会治理能力全方位的改革探索提供了良好时机，为全球治理提供中国智慧和中国方案。

9.2.1 数字中国崛起

面对百年未有之大变局，我国抓住数字化发展的历史契机，摸索出数据要素和数字经济有机结合的新模式，挖掘培育经济新动能，同时对社会基础单元进行数字重构，深化“群众少跑腿，数据多跑路”的公共服务体系，进一步凸显数字化对社会经济稳定运行、改善民生的重要性，不断增强人民群众的数字获得感。在新型基础设施建设和数字供给侧结构性改革的推动下，国内经济逐步从高速增长转向高质量发展，传统工业经济向数字经济转型，数据作为独立供给要素的作用得到强化，区块链作为数据生产要素的支撑技术平台，推动公共数字系统整合，有力提升数据的流动性和社会协作的广度、深度，形成自主、可持续、创新驱动的数字经济发展模式。

近年来，随着移动互联网的高速发展，人们已逐渐习惯了各类网络生活环境，不仅在休闲购物、出行、会议办公等生活方面享受移动互联网技术的便捷性，在政务民生事务办理上也基本实现了移动化。手机作为人们进入数字世界的关键“窗口”，已经逐渐成为人们生活的重要组成部分。未来，基于手机终端的数字身份、生物识别等将被广泛使用，在区块链技术的加持下，各类应用将更深度地整合有效数据，保证数据权属明确，增强数据可信，提供更多个性化、便捷化的服务，“一部手机走天下”将成为在数字中国生活的常态，每个个体都将像呼吸空气一般享受数字化公共服务体系和社会治理环境。

数字中国建设和数字经济发展也将为“一带一路”沿线国家带去全新的发展动能，通过数字丝绸之路的推进，不断加大数字产能辐射半径，带动沿线国家数字经济繁荣，借助区块链技术打造国际间政府信任协作体系，为各国商旅人员提供更为便捷的公共服务支持，为海外华侨打造更加完备的跨境公共服务体系。

未来，数字中国的数字环境规范和数字公共服务模式有望向国外推广应用，通过区块链技术实现国内外数字体系的分布式链接，让人们可以真正做到“拿起手机，走遍天下”，在任何地方都可以安心地获得便捷的服务。

9.2.2　智能社会来临

随着人工智能技术等新一代信息技术的快速发展及其与各个领域的深度融合，智能化已经逐渐渗透到生产生活的方方面面。从全球范围看，我国已经在政治制度、经济基础、市场规模、人才储备等方面具有领先优势，在区块链、大数据、云计算、物联网、移动互联网、人工智能等新技术的应用上也走在了世界前沿。我国的综合实力已经取得了质的飞跃，乘势而上最终会加快推动我国率先迈入智能社会并取得巨大的社会治理成果。

以区块链、人工智能等为核心的新型基础设施建设，将进一步丰富和完善国内的数字化环境，为智能社会的信用体系建设提供坚实的技术支持。人们越来越习惯于通过网络来完成各种社会活动，网络在给人们带来工作和生活便利性的同时，也会在各种业务系统中留下痕迹，不守诚信、违约侵权等不良行为将更容易被记录在案，且在区块链应用体系下无法进行消除和篡改。区块链技术在智能社会中将有效链接公安、教育、医疗、环保、卫生、司法等有关部门，使个人信用不再只是金融体系下的黑名单制，通过打通区域条块的公共数据壁垒，整合全社会碎片化的信用数据，将构建起更加有效的社会信用体系。

在智能社会中，数字世界和现实世界的边界将逐渐模糊，共享经济使得物理世界资产数字化及使用权数字化水平逐步提高。人们根据需要召唤和使用各种智能化机器设备，个人信用成为人机协同的可信机制，失信人群将在社会中寸步难行。在信用社会和数字化环境底层的支撑下，以智能合约为代表的不受干扰的自动运行程序将在各类社会治理场景中发挥重要作用，透明公正地执行各类清晰的裁决处理、账务结算，准确到位地提供各类公共服务。智能社会提升的将不仅是人类生活的品质，更将推动人类走向文明发展的新高度。

9.2.3 走进未来社区

社区是社会治理的基础单元。我国社区数字化、智能化、智慧化建设稳步推进。“十四五”规划中指出，“推进智慧社区建设，依托社区数字化平台和线下社区服务机构，建设便民惠民智慧服务圈，提供线上线下融合的社区生活服务、社区治理及公共服务、智能小区等服务。”浙江省在社区建设方面走在全国前列，2019 年发布的《浙江省未来社区建设试点工作方案》提出了未来社区的建设思路，勾勒出了浙江省未来社区建设包含邻里、教育、健康、低碳、治理等九大场景，通过各地试点对智能科技与社会治理的深度融合进行了各种积极有益的实践探索，并逐步完善优化。未来社区的九大场景对应了社会治理的诸多痛点，其创新意义在于不再简单地进行头痛医头、脚痛医脚的单点突破，而是进行统筹设计，给出面向未来的系统性整体方案。

未来社区是对社会治理理念和运营模式的革新，以社区为着眼点来推动和促进城市的总体提升、整体发展，是一个不断迭代升级的过程。在未来社区的成熟阶段，刚搬入的新住户可以在保护其个人隐私的前提下公开个人资料，通过底层信用体系支撑快速建立与邻居和周边服务网点的链接，加入感兴趣的体育运动、文艺活动社团，参加社区的热心公益组织，用个人特长为社区提供服务，安心、放心地接受各种个性化医疗、养老、教育、交通、餐饮、购物等公共服务，并通过评分、意见、投票等多种便捷网络方式参与社区自治。

随着信息技术和法制环境的进一步完善，未来社区居民将被赋予更多的自治权限，通过区块链等技术实现多方的意见收集和工作协同，自发自觉地参与社区周边环境的社会治理工作，如交通管理、环境卫生管理、治安管理等。社区与社区之间的协同交互也将在更广泛和更深层的维度上进行，以此实现城市的整体和谐。

参考文献

[1] 魏礼群. 中国社会治理现代化之路[M]. 北京：社会科学文献出版社，2019.

[2] 车俊. 透过浙江看中国的社会治理[M]. 北京：外文出版社，2019.

[3] 童星. 中国社会治理[M]. 北京：中国人民大学出版社，2019.

[4] 熊亚彬. 社会治理的技术路径研究[D]. 武汉：华中师范大学，2019.

[5] 王浦劬. 国家治理、政府治理和社会治理的含义及其相互关系[J]. 国家行政学院学报，2014（3）：11-17.

[6] 康晓强. 基于中国经验的社会治理理论探索[J]. 中国出版，2020（15）：70.

[7] 张锋. 中国社会治理：语境、演进、特征和展望[J]. 中共中央党校（国家行政学院）学报，2020，24（6）：71-78.

[8] 李友梅. 中国社会治理的新内涵与新作为[J]. 社会学研究，2017，32（6）：27-34，242.

[9] 李建伟. 我国社会治理理论的创新发展[J]. 社会治理，2019（11）：12-15.

[10] 张文显. 新时代中国社会治理的理论、制度和实践创新[J]. 法商研究，2020，37（2）：3-17.

[11] 魏崇辉，张悦阳. 新时代社会治理的理论溯源、基本意涵与生成机理[J]. 黑龙江社会科学，2020（5）：28-33，160.

[12] 辛自强. 观察中国社会治理的理论视角及其超越[J]. 中州学刊，2018（5）：68-73.

[13] 李伟. 中国区块链发展报告2018[M]. 北京：社会科学文献出版社，2018.

[14] 叶蓁蓁，罗华. 中国区块链发展报告 2019[M]. 北京：社会科学文献出版社，2019.

[15] 原率. 区块链技术在网络信息安全中的应用及展望[J]. 计算机与网络，

2020，46（13）：50-52.

[16] 戴婕. 基于密钥管理和无中心化加密的网联汽车信息安全的设计与实现[D]. 北京：北京邮电大学，2018.

[17] 刘昌金. 区块链对电子认证的影响[J]. 网络安全和信息化，2017（11）：33-35.

[18] 张成岗. 区块链时代：技术发展、社会变革及风险挑战[J]. 人民论坛·学术前沿，2018（12）：33-43.

[19] 张志威，王国仁，徐建良，等. 区块链的数据管理技术综述[J]. 软件学报，2020，31（9）：2903-2925.

[20] 于硕文. 基于区块链技术的网络安全技术研究[J]. 计算机产品与流通，2020（7）：42.

[21] 黄旅军. 基于区块链技术的网络安全技术研究[J]. 网络安全技术与应用，2020（3）：23-24.

[22] 姚英英，常晓林，甄平. 基于区块链的多中心化身份认证及密钥管理方案[J]. 网络空间安全，2019，10（6）：33-39.

[23] 陈锦煌，刘志洋. 基于区块链的环境监测数据安全共享的探究[J]. 中小企业管理与科技（上旬刊），2020（7）：82-83，87.

[24] 朱鹏，胡剑，吕宋皓，等. 基于区块链的社交网络隐私数据保护方法研究[J]. 情报科学，2021，39（3）：94-100.

[25] 王辉鹏. 基于区块链的网络安全防御关键技术研究[J]. 网络安全技术与应用，2020（1）：22-23.

[26] 全国信息安全标准化技术委员会. 信息安全技术个人信息安全规范：GB/T 35273-2020 [S]. 北京：国家市场监督管理总局，国家标准化管理委员会，2020.

[27] 法律出版社法规中心. 中华人民共和国密码法[M]. 北京：法律出版社，2019.

[28] 曹海军，侯甜甜. 区块链技术驱动社会治理创新：价值审视、可能挑战与路径展望[J]. 东南学术，2020（4）：103-111.

[29] 唐滢. 基于区块链的政府治理创新研究[D]. 武汉：华中师范大学，2019.

[30] 燕继荣. 中国社会治理的理论探索与实践创新[J]. 教学与研究同，2017（9）：29-37.

[31] 张楠. 区块链慈善的创新模式分析——功能、组织结构与影响因素[J].北京交通大学学报（社会科学版），2020，19（4）：79-88.

[32] 汤啸天. 加强区块链、大数据分析等科技应用[N]. 中国社会报，2020-03-30（003）.

[33] 马冲，邹楠. 区块链治理与数字身份[J]. 新经济，2020（Z1）：95-98.

[34] 杨杨，于水，胡卫卫. 区块链赋能重塑社会治理结构：场景、风险与治理之道[J]. 电子政务，2020（3）：54-61.

[35] 砺之. 区块链赋能社会治理的海外实例[J]. 群众，2019（24）：66-68.

[36] 杨东，俞晨晖. 区块链技术在政府治理、社会治理和党的建设中的应用[J]. 国家治理，2019（43）：43-48.

[37] 张楠迪扬. 区块链政务服务：技术赋能与行政权力重构[J]. 中国行政管理，2020（1）：69-76.

[38] 刘炼箴，杨东. 区块链嵌入政府管理方式变革研究[J]. 行政管理改革，2020（4）：37-46.

[39] 于水，杨杨. 区块链赋能、治理流程优化与创造公共价值[J]. 南开学报（哲学社会科学版），2020（5）：118-126.

[40] 周民. 关于加快推进数字政府建设的若干思考[J]. 信息安全研究，2020，6（11）：1042-1045.

[41] 章燕华，王力平. 国外政府数字化转型战略研究及启示[J]. 电子政务，2020（11）：14-22.

[42] 王伟玲. 实施数字政府战略的现实困境与破解路径[N]. 中国计算机报，2020-11-16（012）.

[43] 吴磊. 政府治理数字化转型的探索与创新——以广东数字政府建设为例[J]. 学术研究，2020（11）：56-60.

[44] 才让东知. 数字政府：基于数据的治理与对数据治理的视角[J]. 西藏发展论坛，2020（5）：91-96.

[45] 杨述明. 数字政府治理：智能社会背景下政府再造的必然选择[J]. 社会

科学动态，2020（11）：25-34.

[46] 丁邡，焦迪. 区块链技术在“数字政府”中的应用[J]. 中国经贸导刊（中），2020（3）：6-7.

[47] 何新燕. 我国数字政府建设现状及发展研究[J]. 延边党校学报，2020，36（1）：50-53.

[48] 王伟玲. 加快实施数字政府战略：现实困境与破解路径[J]. 电子政务，2019（12）：86-94.

[49] 马仁杰，沙洲. 基于联盟区块链的档案信息资源共享模式研究——以长三角地区为例[J]. 档案学研究，2019（1）：61-68.

[50] 张楠，赵雪娇. 理解基于区块链的政府跨部门数据共享：从协作共识到智能合约[J]. 中国行政管理，2020（1）：77-82.

[51] 石火学，潘晨. 大数据驱动的政府治理变革[J]. 电子政务，2018（12）：112-120.

[52] 耿亚东. 政府治理变革的技术基础——大数据驱动下的政府治理变革研究述评[J]. 公共管理与政策评论，2020，9（4）：87-96.

[53] 金震宇. “互联网+”驱动数字政府 2.0 模式重构[J]. 中国信息界，2020（4）：72-75.

[54] 李季. “十四五”期间电子政务发展趋势展望[J]. 行政管理改革，2020（11）：4-9.

[55] 高国伟，竺沐雨，段佳琪. 基于数据策展的政府大数据服务规范化体系研究[J]. 电子政务，2020（12）：110-120.

[56] 董超，王晓冬，史田雨，等. 基于区块链技术的政务数据共享开放模式研究[J]. 中国经贸导刊（中），2020（3）：4-5.

[57] 吕小刚，程立丽. 区块链与政府数据治理方式创新路径选择[J]. 沈阳干部学刊，2019，21（6）：39-42.

[58] 朱红灿，王新波. “区块链+民生”：内涵、形势与任务[J]. 广西师范大学学报（哲学社会科学版），2020，56（1）：76-86.

[59] 华芳，丁毅，孙伽宁，等. 一套基于区块链的可信学历学位认证系统[J]. 网络空间安全，2020，11（9）：9-18.

[60] 张磊，郑志勇，袁勇．基于区块链的电子医疗病历可控共享模型[J/OL]．自动化学报，[2021-05-11]．http://kns.cnki.net/kcms/detail/11.2109.TP.20200821.0926.001.html.

[61] 夏诗园．区块链技术助推金融精准扶贫[J]．金融理论与教学，2019(6)：12-15，18.

[62] 余益民，陈韬伟，段正泰，等．基于区块链的政务信息资源共享模型研究[J]．电子政务，2019（4）：58-67.

[63] 苏恒．区块链技术在公益扶贫领域应用的思考和实践[J]．中国金融电脑，2017（7）：11-15.

[64] 谢治菊．论区块链技术在贫困治理中的应用[J]．人民论坛・学术前沿，2020（5）：48-56.

[65] 苏恒，肖波．科技创新 精准扶贫——中国工商银行基于区块链技术的创新扶贫金融服务实践[J]．中国城市金融，2017（8）：48-51.

[66] 汪克高．贵州省精准扶贫中贫困户的识别研究[D]．贵阳：贵州财经大学，2016.

[67] 李婷婷．农村精准扶贫瞄准机制研究[D]．南宁：广西民族大学，2018.

[68] 林钰龙，孙超，韩广广．区域智慧交通一体化发展思考——以粤港澳湾区为例[C]//中国城市规划学会城市交通规划学术委员会．品质交通与协同共治——2019 年中国城市交通规划年会论文集．北京：中国建筑工业出版社，2019：11.

[69] 席超．城市级智慧交通系统建设思路与实施战略[C]//中国重型机械工业协会停车设备工作委员会．中国停车产业论文集．北京：中国重型机械工业协会停车设备工作委员会，2020：5.

[70] 刘云杰，刘睿，邓延利，等．区块链技术在国家水权交易系统中的应用[J]．水利经济，2020，38（4）：55-59，83-84.

[71] 明锐．区块链技术在政府环境污染治理中的应用研究[J]．环境科学与管理，2019，44（6）：85-89.

[72] 张力伟．环境协同治理：整合结构、观念与行动——基于“嘉兴模式”的案例分析[J]．嘉兴学院学报，2018，30（2）：45-52.

[73] 沈鼎壹，阮明明，王新华. 区块链技术在环境保护中的应用[J]. 科学技术创新，2019（22）：57-58.

[74] 段焕强. 区块链技术正在积极促进世界能源产业变革[EB/OL]. [2018-06-15]. http://blog.sciencenet.cn/blog-3356424-1119110.html.

[75] 赵维. 基于区块链技术的农业食品安全追溯体系研究[J]. 技术经济与管理研究，2019（1）：16-20.

[76] 黄锐. 硬核：用区块链技术改进国家级传染病监测预警网络[EB/OL]. [2020-01-29]. http://www.woshipm.com/blockchain/3350498.html.

[77] 王思静. 区块链技术在医药冷链物流领域的应用设计[J]. 价值工程，2019，38（5）：76-78.

[78] 倪炜瑜. 区块链技术在医药卫生领域的实践应用[J]. 竞争情报，2020，16（2）：55-60.

[79] 李明佳，汪登，曾小珊，等. 基于区块链的食品安全溯源体系设计[J]. 食品科学，2019，40（3）：279-285.

[80] 张芳. 食品安全社会治理困境及解决机制[J]. 人民论坛，2014(32)：144-146.

[81] 沈万军，陈焰. 区块链+类案监督的检察实践——以食药案件为切入点的研究[C]//北京正义网络传媒有限公司. 新时代智慧检务建设论文集. 北京：北京正义网络传媒有限公司，2019：12.

[82] 李健，宋昱光，张文. 区块链在突发事件应急管理中的应用研究[J]. 经济与管理评论，2020，36（4）：5-16.

[83] 渠慎宁，杨丹辉. 突发公共卫生事件的智能化应对：理论追溯与趋向研判[J]. 改革，2020（3）：14-21.

[84] 何川. 推动安全生产社会化的思考[J]. 中国安全生产科学技术，2015，11（5）：170-174.

[85] 吴晔晖. 基于区块链技术的建设工程动态监测及监管一体化系统研究[J]. 广东土木与建筑，2019，26（9）：30-32.

[86] 国务院办公厅. 国务院办公厅关于印发国家突发事件应急体系建设“十三五”规划的通知[EB/OL]. [2017-07-19]. http://www.gov.cn/zhengce/content/

2017-07/19/content_5211752.htm.
[87] 夏娟，宋海波．“区块链+社区治理”中政务服务场景的应用探究[J]．中国管理信息化，2020，23（11）：171-174.
[88] 马小平．基于区块链分布式存储的社区信息识别研究[J]．信息技术，2020，44（8）：84-88.
[89] 陈玉飞．试论区块链技术在基层社会治理中的创新运用[J]．普洱学院学报，2019，35（6）：37-38.
[90] 谭仕伦．贵阳：“社会和云”构建大数据治理平台[J]．当代贵州，2017（26）：50-51.
[91] 龙玉婷．政府同公益组织合作治理的博弈模型及参与机制研究[D]．成都：西南财经大学，2019.
[92] 谢治菊，许文朔．数据驱动、交通变革与智慧治理[J]．云南大学学报（社会科学版），2019，18（5）：113-120.
[93] 张晓春，邵源，孙超．面向未来城市的智慧交通整体构思[J]．城市交通，2018，16（5）：1-7.
[94] 高奇琦，阙天南．区块链在城市治理中的空间与前景[J]．电子政务，2020（1）：84-91.
[95] 李文胜．成都：构建智慧交通应用场景 打造高效能道路交通治理体系[J]．汽车与安全，2019（11）：32-35.
[96] 王娟娟，刘萍．区块链技术在“一带一路”区域物流领域的应用[J]．中国流通经济，2018，32（2）：57-65.
[97] 马治国，刘慧．区块链技术视角下的数字版权治理体系构建[J]．科技与法律，2018（2）：1-9.
[98] 李后强．以“区块链”思维创新乡村治理方式[J]．当代县域经济，2018（6）：11-17.
[99] 黄佳．基于区块链技术的跨区域电子证照共享平台[J]．科技与创新，2019（11）：61-63.
[100] 赵志伟．基于区块链的个人数据交易隐私保护研究[D]．成都：电子科技大学，2019.

[101] 贾文珏，张菲菲. 基于区块链的全国不动产登记信息共享服务思路初探[J]. 国土资源信息化，2020（2）：3-8.

[102] 朱鹏，胡剑，吕宋皓，等. 基于区块链的社交网络隐私数据保护方法研究[J]. 情报科学，2021，39（3）：94-100.

[103] 张毅. 基于区块链技术的新型社会信用体系[J]. 人民论坛·学术前沿，2020（5）：6-14.

[104] 仇保利. 中国特色网络可信身份战略实践——互联网+可信身份认证平台[J]. 警察技术，2020（3）：7-10.

[105] 周博文，张再生. 众创、众创经济与众创治理[J]. 社会科学，2019（2）：58-70.

[106] 胡麦芳. 基于区块链的数字票据系统的研究与实现[D]. 杭州：浙江大学，2017.

[107] 《财政部领导就“财税改革和财政工作”答问》[EB/OL]. [2018-03-07]. http://www.gov.cn/zhuanti/2018qglhzb/live/0307a.html.

[108] 胡志九，常益. 区块链在商业银行中的应用及其展望[J]. 新金融，2017（10）：44-48.

[109] 朱兴雄，何清素，郭善琪. 区块链技术在供应链金融中的应用[J]. 中国流通经济，2018（3）：111-119.

[110] 李筱纯. 区块链技术与保险行业的契合分析[J]. 现代商业，2020（26）：154-156.

[111] 骆沙鸣，李转生. 运用区块链技术提升政府治理体系和治理能力现代化[N]. 人民政协报，2019-12-23（005）.

[112] 王毛路，陆静怡. 区块链技术及其在政府治理中的应用研究[J]. 电子政务，2018（2）：2-14.

[113] 刘佳. 大数据时代的社会治理困境与创新发展路径[J]. 学术探索，2015（4）：77-84.

[114] 周红云. 全民共建共享的社会治理格局：理论基础与概念框架[J]. 经济社会体制比较，2016（2）：123-132.

[115] 巩富文. 以区块链赋能社会治理[N]. 人民日报，2019-11-21（005）.

[116] 杨军. 区块链技术协助社会治理现代化的创新机理分析[N]. 中国航空报，2019-12-12（007）.
[117] 范如国. 复杂网络结构范型下的社会治理协同创新[J]. 中国社会科学，2014（4）：98-120，206.
[118] 钱再见，高晓霞. 区块链，“链”向何方：公共事务、党的建设与社会治理[J]. 国家治理，2019（43）：20-33.
[119] 张雅妮. 区块链3.0时代即将来临[J]. 实践（党的教育版），2019（11）：47.
[120] 鄢章华，刘蕾，李倩. 区块链体系下平行社会的协同演化[J]. 中国科技论坛，2018（6）：50-58.
[121] 罗昕，蔡雨婷. 区块链在网络社会治理中的作用机制[J]. 广州大学学报（社会科学版），2019，18（1）：23-28，49.
[122] 赵金旭，孟天广. 区块链如何重塑治理结构与模式[J]. 社会科学文摘，2019（11）：5-7.
[123] 唐立，汪鸿波. 区块链技术在社会工作服务中的运用空间与构想[J]. 内蒙古社会科学，2020，41（1）：146-152.
[124] 朱婉菁. 区块链技术驱动社会治理创新的理论考察[J]. 电子政务，2020（3）：41-53.
[125] 徐家良，段思含. 技术治理视角下“互联网+”社区治理创新模式研究——基于上海市多案例的考察[J]. 中国第三部门研究，2019，17（1）：3-21，245-246.
[126] 赵金旭，孟天广. 技术赋能：区块链如何重塑治理结构与模式[J]. 当代世界与社会主义，2019（3）：187-194.
[127] 陈升. 新一轮科技革命背景下社会治理面临哪些新机遇和新挑战[J].国家治理，2019（43）：34-38.
[128] 李晔. 以区块链技术为抓手 推进国家治理体系和治理能力现代化[N]. 科技日报，2020-01-03（005）.
[129] 俞林. 创新基层治理方式 提升社会治理水平[N]. 中国组织人事报，2020-03-06（006）.

[130] 市政法系统干部专业能力提升培训班学员体会文章摘编[N]. 邯郸日报，2020-01-07（007）.
[131] 杨光飞. 创新城乡基层社会治理的新路径[N]. 南京日报，2020-01-03（A15）.
[132] 何遥. 智慧贵阳：大数据助力城市精细化治理[J]. 中国公共安全，2019（4）：46-51.
[133] 王礼鹏，石玉. 智能化治理：国内外实践与经验启示[J]. 国家治理，2017（37）：34-48.
[134] 吕跃. 社会治理驶入“智慧大道”[J]. 当代贵州，2018（21）：46-47.
[135] 汤啸天. 运用区块链技术创新社会治理的思考[J]. 上海政法学院学报（法治论丛），2018，33（3）：67-75.
[136] 周颖. 立足共建共治共享 推动社会治理现代化[N]. 佛山日报，2018-06-14（F02）.
[137] 武小川. 论公众参与社会治理的法治化[D]. 武汉：武汉大学，2014.
[138] 侯嘉斌，李军. 冲击与重塑：区块链治理的法律之维[J]. 信息安全与通信保密，2019（3）：21-30.
[139] 夏纪森，臧志宏. 论区块链应用的社会风险与法律治理[J]. 常州大学学报（社会科学版），2019，20（1）：25-35.
[140] 孙占利. 链式反应：区块链的法治意义与功能[J]. 法治论坛，2019（2）：289-305.
[141] 韩传峰.《基于区块链的社区治理机制创新研究》[J]. 人民论坛・学术前沿，2020（5）：66-75.
[142] Nakamoto. Bitcoin: A Peer-to-Peer Electronic Cash System [EB/OL]. [2008-10-31]. https://bitcoin.org/bitcoin.pdf.
[143] Dylan Yaga, Peter Mell, Nik Roby, Karen Scarfone. Blockchain Technology Overview. Gaithersburg: National Institute of Standards and Technology [EB/OL]. [2018-11-10]. https://www.nist.gov/publications/blockchain-technology-overview.
[144] FISCO BCOS. Financial Blockchain Infrastructure & Practical Examples V1.0 [EB/OL]. [2018-07-12]. https://github.com/FISCO-BCOS/whitepaper/blob/master/

FISCO%20BCOS%20Whitepaper(EN).pdf.

[145] Diem. Association. Libra White Paper V2.0 [EB/OL]. [2020-04]. https://wp.diem.com/en-US/wp-content/uploads/sites/23/2020/04/Libra_WhitePaperV2_April2020.pdf.

[146] Nick Szabo. Smart Contracts: Building Blocks For Digital Markets[EB/OL]. [2018-01-25]. http://www.truevaluemetrics.org/DBpdfs/BlockChain/Nick-Szabo-Smart- Contracts-Building-Blocks-for-Digital-Markets-1996-14591.pdf.

[147] 林炬明，李晓龙，韦伟波. 社会综合治税的信息共享平台研究[J]. 经济研究参考，2016（65）：85-86.

反侵权盗版声明

举报电话：（010）88254396；（010）88258888

传　　真：（010）88254397

E-mail:　　dbqq@phei.com.cn

通信地址：北京市万寿路 173 信箱

　　　　　电子工业出版社总编办公室

邮　　编：100036